高校入試 — 合格

GOUKAKU

BON!

わかるまとめと
よく出る問題で
合格力が上がる

ENGLISH

英語

Gakken

合格に近づくための

高校入試の勉強法

STUDY TIPS

まず何から始めればいいの？

スケジュールを立てよう！

入試本番までにやることは，

STEP ① **中1から中3までの復習**

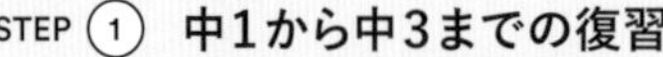

STEP ② まだ中3の内容で習っていないことがあれば，その予習

STEP ③ 受験する学校の過去問対策

です。①から順に進めていきましょう。まず，この３つを，入試本番の日にちから逆算して，「10月までに中１・中２の復習を終わらせる」，「12月中に３年分の過去問を解く」などの**大まかなスケジュール**を立ててから，１日のスケジュールを立てます。

どういうふうに1日のスケジュールを作ればいいの？

学校がある日と休日で分けて，学校がある日は１日５時間，休日は１日10時間(休憩は除く)というように**勉強する時間を決めます**。曜日ごとに朝からのスケジュールを立てて，それを表にして部屋に貼り，その通りに行動できるようにがんばってみましょう！　部活を引退したり，入試が近づいてきたりして，状況が変わったときや，勉強時間を増やしたいときには**スケジュールを見直しましょう。**

㊎ 1日のスケジュール　（部活引退後の場合）

	6:00	7:00	8:00	9:00	10:00	11:00	12:00	13:00	14:00	15:00	16:00	17:00	18:00	19:00	20:00	21:00	22:00	23:00
平日	起床朝食 勉強	学校										勉強		夕食休憩	塾		自由時間	睡眠
休日	睡眠	起床朝食	勉強					昼食休憩	勉強					夕食休憩	勉強		自由時間	睡眠

自分にあった勉強法がわからない…どうやればいいの？

勉強ができる人のマネをしよう！

成績が良い友達や先輩，きょうだいの勉強法を聞いて，マネしてみましょう。勉強法はたくさんあるので，一人だけではなくて，何人かに聞いてみるとよいですね。その中で，自分に一番合いそうな勉強法を続けてみましょう。例えば，

・間違えた問題のまとめノートを作る
・重要な例文をまとめたものを常に持っておく
・毎朝10分，単語テストをする

などがあるよ。

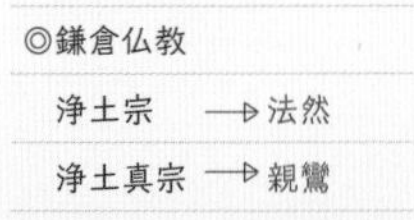
◎鎌倉仏教
浄土宗　→法然
浄土真宗　→親鸞

㊎ まとめノート（社会の例）

すぐ集中力が切れちゃう…

まずは15分間やってみよう!

集中力が無いまま，だらだら続けても意味がありません。**タイマーを用意しましょう**。まずは，15分でタイマーをセットして，その間は問題を解く。15分たったら5分間休憩。終わったらまた15分間…というように，短い時間から始めましょう。タイマーが鳴っても続けられそうだったら，少しずつ時間をのばして…と，どんどん集中する時間をのばしていきましょう。60分間持続してできることを目標にがんばりましょう！

家だと集中できない…!!

勉強する環境を変えてみましょう。例えば，机の周りを片づけたり，図書館に行くなど場所を変えてみたり。睡眠時間が短い場合も集中できなくなるので，早く寝て，早く起きて勉強するのがオススメです。

勉強のモチベーションを上げるにはどうすればいいの?

1教科をとことんやってみよう!

例えば，どれか１教科の勉強に週の勉強時間の半分を使って，とことんやってみましょう。その教科のテストの点数が上がって自信になれば，ほかの教科もがんばろうという気持ちになれます。

入試までの長い期間，モチベーションがたもてるか不安…

自分にごほうびをあげるのはどうでしょう？「次のテストで80点取れたら，好きなお菓子を買う」というように，目標達成のごほうびを決めると，やる気もわくはずです。また，合格した高校の制服を着た自分や，部活で活躍する自分をイメージすると，**受験に向けてのモチベーションアップ**につながります。

英語の攻略法

ENGLISH

POINT
1 英単語をしっかり覚える!

当たり前ですが，英単語がまず頭に入っていないと，英文を読むことができません。難しい単語をたくさん覚える必要はありません。**教科書に載っている単語や熟語をしっかり覚えましょう。**

覚え方の例として，単語カードがあります。表に英語を書いて，裏に日本語を書きます。覚えたものからカードを抜いていけば，覚えていないカードだけが残っていくので，カードを0枚にすることで，達成感が得られます。覚えられたら，次はカードを逆向きにして，日本語から英語を覚えるようにします。

さらに，自分で単語テストを作って解いてみましょう。覚えたつもりが，スペルを間違えて覚えていることはよくあります。本番で書けるように練習をしましょう。

また，この本や入試の過去問を解いていて，わからなかった単語をメモしておいて，それを単語カードにまとめておきましょう。**わからない単語をそのままにしないことが，単語を覚える上で大切です。**

POINT
2 直しは答えを写すだけじゃダメ!

答え合わせのときには，答えをただ写すだけでは不十分です。何を間違えていたのかを必ず確認しましょう。間違えた選択肢の問題で，「ア」と正しい答えを横に書くだけでは，その問題はできないままです。

例えば，間違えた問題の横に，「三人称単数の s 忘れ」や「現在完了形の have のあとは過去分詞」などのメモをしたり，単語の順番を並べる問題であれば，間違えた１文を丸ごと書いたりと，最初は少し面倒かもしれませんが，習慣化するようにしましょう。

I (ア don't イ haven't ウ didn't) finished my homework yet.
finished と yet があるので、現在完了形! don't や didn't なら、あとの動詞は原形!

例 ノートの使い方

POINT
3 長文読解は解く前に問題をチェック!

長文読解は苦手とする人も多いかと思いますが，入試では長文から文法や単語についても問われることがほとんどです。

長文読解を解くときのポイントは，まず**文章を読む前に問題に目を通すことで**

す。問題に目を通すことで，おおまかな流れを確認することができます。問題に出てくる登場人物を○で囲んだり，単語に気を付けて読んだりすることで，文章を理解しやすくなります。
過去問などの解き直しの際には，わからなかった英単語をメモしたり，❷のポイントに気を付けたりしましょう。

出題傾向

過去の公立高校入試で，出題された問題（小問数）の約半分の割合を占めるのが，対話文・長文の読解問題です。
次にリスニング，英作文と続きます。文法問題の単独での出題は少なく，近年では英作文・語彙・文法の分野が読解問題に含まれる複合形式の問題が多くなっています。
またグラフ・資料の読み取りや思考力を問う新傾向の問題が増えています。

読解 46.6%
リスニング 28.1%
英作文 15.4%
文法 5.6%
語彙 4.3%

出題内容の割合

対策

❶ **語彙力をつける**　教科書レベルの基本単語・熟語は正確に覚えておこう。

❷ **文法力をつける**　基本的な文法事項は確実に押さえておこう。

❸ **表現力をつける**　自分の考えや身近なことを英語で表現する練習をしよう。

❹ **リスニング力をつける**　日頃から音声教材やラジオでまとまった英文を聞こう。

＊出題形式の変更に備えて，いろいろな形式の問題を解いておくことも大切。

［高校入試 合格BON! 英語］を使った勉強のやり方

夏から始める	【1周目】**必ず出る！要点整理**を読んで，**基礎力チェック問題**を解く。 【2周目】**高校入試実戦力アップテスト**を解く。 【3周目】2周目で間違えた**高校入試実戦力アップテスト**の問題をもう一度解く。
秋から始める	【1周目】**必ず出る！要点整理**を読んで，**高校入試実戦力アップテスト**を解く。 【2周目】1周目で間違えた，**高校入試実戦力アップテスト**の問題を解く。
直前から始める	英語が得意な人は**苦手な単元**，苦手な人は**英作文以外の問題**を中心に **高校入試実戦力アップテスト**を解く。

CONTENTS

もくじ

音声再生アプリ「マイオトモ」

本書の音声は、音声再生アプリ「マイオトモ」を使用して再生できます。右記へアクセスしてアプリをスマホにダウンロードしてご利用ください。

https://gakken-ep.jp/extra/myotomo/

※音声を端末にダウンロードすればオフラインでも利用可能です。
※スマホをお持ちでない方は上記URLから音声ファイルをPCなどにダウンロードすることも可能です。

高校入試問題の掲載について

●問題の出題意図を損なわない範囲で，解答形式を変更したり，問題の一部を変更・省略したりしたところがあります。
●問題指示文，表記，記号などは全体の統一のため，変更したところがあります。
●解答・解説は，各都道府県発表の解答例をもとに，編集部が作成したものです。

合格まで、完全サポート!

使い方

合格に近づくための 高校入試の勉強法

まず読んで，勉強の心構えを身につけましょう。

必ず出る！要点整理

入試に出る要点がわかりやすくまとまっており，3年分の内容が総復習できます。重要！は必ず押さえましょう。

セットで使おう！

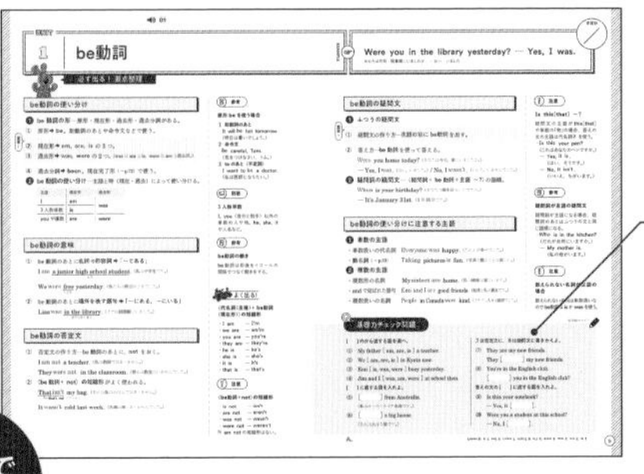

基礎力チェック問題

要点の理解度を確かめる問題です。

高校入試実戦力アップテスト

主に過去の入試問題から，実力のつく良問を集めています。

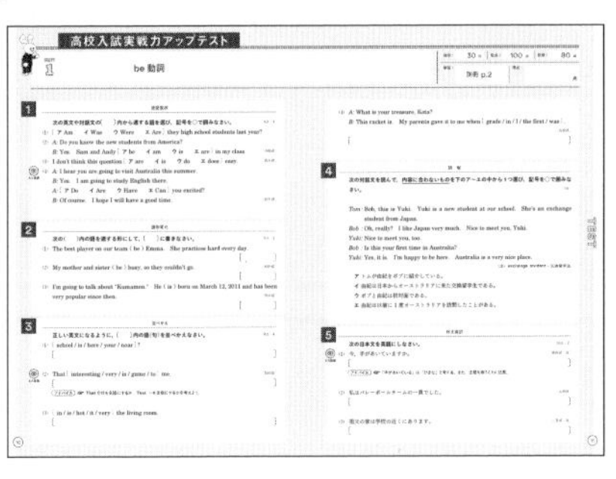

よく出る！ 入試に頻出の問題

ミス注意 間違えやすい問題

ハイレベル 特に難しい問題

別冊

解答と解説

巻末から取り外して使います。くわしい解説やミス対策が書いてあります。間違えた問題は解説をよく読んで，確実に解けるようにしましょう。

模擬学力検査問題

実際の入試の形式に近い問題です。入試準備の総仕上げのつもりで挑戦しましょう。

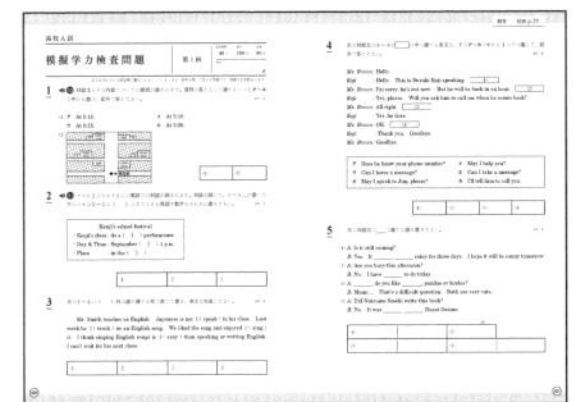

音声について

「必ず出る！要点整理」の「EXAMPLE」と各例文，「高校入試実戦力アップテスト」と「模擬学力検査問題」のリスニング問題，および「資料」の音声を，アプリ「マイオトモ」で聞くことができます。このマーク 01 のトラック番号を再生してください。音声の再生方法については目次（p.6）をご覧ください。なお，入試問題のリスニング音声は学研プラス編集部が製作したものです。

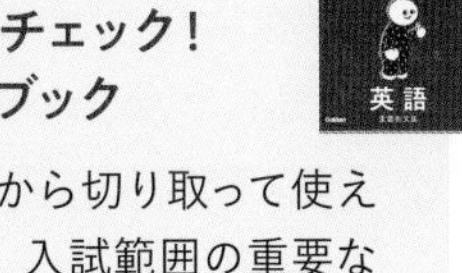

直前チェック！ミニブック

巻頭から切り取って使えます。入試範囲の重要な文法項目を例文でまとめています。試験直前の確認にも役立ちます。

UNIT 1 be動詞

必ず出る！要点整理

be動詞の使い分け

❶ be 動詞の形…原形・現在形・過去形・過去分詞がある。

(1) 原形 ➡ **be**。助動詞のあとや命令文などで使う。

重要！

(2) 現在形 ➡ **am, are, is** の3つ。

(3) 過去形 ➡ **was, were** の2つ。(was は am と is, were は are の過去形。)

(4) 過去分詞 ➡ **been**。現在完了形 (→ p.72) で使う。

❷ be 動詞の使い分け…主語と時（現在・過去）によって使い分ける。

主語	現在形	過去形
I	am	was
3人称単数	is	was
you や複数	are	were

be動詞の意味

(1) be 動詞のあとに**名詞や形容詞** ➡「**～である**」

I am a junior high school student.（私は中学生です。）
（a junior high school student：名詞）

We were free yesterday.（私たちは昨日はひまでした。）
（free：形容詞）

(2) be 動詞のあとに**場所を表す語句** ➡「**～にある，～にいる**」

Lisa was in the library.（リサは図書館にいました。）
（in the library：場所を表す語句）

be動詞の否定文

(1) 否定文の作り方…be 動詞のあとに，**not** をおく。

I am not a teacher.（私は教師ではありません。）

They were not in the classroom.（彼らは教室にいませんでした。）

(2) **〈be 動詞＋ not〉の短縮形**がよく使われる。

That isn't my bag.（あれは私のかばんではありません。）
└ that's not の形もある

It wasn't cold last week.（先週は寒くありませんでした。）

参考

原形 be を使う場合

① **助動詞のあと**
It will be hot tomorrow.
（明日は暑いでしょう。）

② **命令文**
Be careful, Tom.
（気をつけなさい，トム。）

③ **to のあと（不定詞）**
I want to be a doctor.
（私は医師になりたい。）

用語

3人称単数

I, you（自分と相手）以外の単数の人や物。he, she, it や人名など。

参考

be動詞の働き

be 動詞は前後をイコールの関係でつなぐ働きをする。

よく出る！

〈代名詞（主格）＋ be動詞（現在形）〉の短縮形

- I am → I'm
- we are → we're
- you are → you're
- they are → they're
- he is → he's
- she is → she's
- it is → it's
- that is → that's

注意

〈be動詞＋not〉の短縮形

- is not → isn't
- are not → aren't
- was not → wasn't
- were not → weren't

※ am not の短縮形はない。

学習日 ／

EXAMPLE

Were you in the library yesterday? — Yes, I was.

あなたは昨日，図書館にいましたか。— はい，いました。

be動詞の疑問文

❶ ふつうの疑問文

重要！

⑴ 疑問文の作り方…**主語の前に be動詞を出す。**

⑵ 答え方…**be 動詞**を使って答える。

Were you home today?（あなたは今日，家にいましたか。）

— Yes, I was.（はい，いました。）/ No, I wasn't.（いいえ，いませんでした。）

❷ 疑問詞の疑問文…〈疑問詞＋ be 動詞＋主語 ～?〉の語順。

When is your birthday?（あなたの誕生日はいつですか。）

— It's January 31st.（1 月 31 日です。）

be動詞の使い分けに注意する主語

❶ 単数の主語

- 単数扱いの代名詞　Everyone was happy.（だれもが幸せでした。）
- 動名詞（→ p.53）　Taking pictures is fun.（写真を撮ることは楽しい。）

❷ 複数の主語

- 複数形の名詞　My sisters are home.（私の姉妹は家にいます。）
- and で結ばれた語句　Emi and I are good friends.（絵美と私は親友です。）
- 複数扱いの名詞　People in Canada were kind.（カナダの人々は親切でした。）

注意

Is this[that] ～?

疑問文の主語が this[that] や単数の「物」の場合，答えの文の主語は代名詞 **it** を使う。

- **Is this your pen?**
  （これはあなたのペンですか。）
  — Yes, **it** is.
  （はい，そうです。）
  — No, **it** isn't.
  （いいえ，ちがいます。）

参考

疑問詞が主語の疑問文

疑問詞が主語になる場合，疑問詞のあとはふつうの文と同じ語順になる。

- **Who** is in the kitchen?
  （だれが台所にいますか。）
  — My mother is.
  （私の母がいます。）

注意

数えられない名詞が主語の場合

数えられない名詞は単数扱いなので be動詞は is か was を使う。

Q. 基礎力チェック問題

解答はページ下

[　] 内から適する語を選べ。

⑴ My father [am, are, is] a teacher.

⑵ We [am, are, is] in Kyoto now.

⑶ Emi [is, was, were] busy yesterday.

⑷ Jim and I [was, am, were] at school then.

[　] に適する語を入れよ。

⑸ [　　　] from Australia.
（私はオーストラリア出身です。）

⑹ [　　　] a big house.
（あれは大きな家です。）

⑺は否定文に，⑻は疑問文に書きかえよ。

⑺ They are my new friends.
They [　　　] my new friends.

⑻ You're in the English club.
[　　　] you in the English club?

答えの文の [　] に適する語を入れよ。

⑼ Is this your notebook?
— Yes, it [　　　].

⑽ Were you a student at this school?
— No, I [　　　].

A。 ⑴ is ⑵ are ⑶ was ⑷ were ⑸ I'm ⑹ That's ⑺ aren't ⑻ Are ⑼ is ⑽ wasn't

高校入試実戦力アップテスト

UNIT 1

be 動詞

1

適語選択

次の英文や対話文の［　　］内から適する語を選び，記号を○で囲みなさい。 (4点×4)

(1) ［ ア Am　イ Was　ウ Were　エ Are ］ they high school students last year?

(2) *A:* Do you know the new students from America?

B: Yes. Sam and Andy ［ ア be　イ am　ウ is　エ are ］ in my class. ［沖縄県］

(3) I don't think this question ［ ア are　イ is　ウ do　エ does ］ easy. ［栃木県］

ミス注意 (4) *A:* I hear you are going to visit Australia this summer.

B: Yes. I am going to study English there.

A: ［ ア Do　イ Are　ウ Have　エ Can ］ you excited?

B: Of course. I hope I will have a good time. ［岩手県］

2

語形変化

次の(　　)内の語を適する形にして，［　　］に書きなさい。 (5点×3)

(1) The best player on our team (be) Emma. She practices hard every day.

［　　　　　］

(2) My mother and sister (be) busy, so they couldn't go. ［秋田県］

［　　　　　］

(3) I'm going to talk about "Kumamon." He (is) born on March 12, 2011 and has been very popular since then. ［熊本県］

［　　　　　］

3

並べかえ

正しい英文になるように，［　　］内の語(句)を並べかえなさい。 (8点×4)

(1) ［ school / is / here / your / near ］?

［　　　　　　　　　　　　　　　　］

ミス注意 (2) That ［ interesting / very / is / game / to ］ me. ［秋田県］

［　　　　　　　　　　　　　　　　］

アドバイス ☞ That だけを主語にするか，That ～を主語にするかを考えよう。

(3) ［ in / is / hot / it / very ］ the living room.

［　　　　　　　　　　　　　　　　］

時間：	30 分	配点：	100 点	目標：	80 点
解答：	別冊 p.2	得点：	点		

(4) *A:* What is your treasure, Kota?

B: This racket is. My parents gave it to me when [grade / in / I / the first / was].

[島根県]

[ ]

4 読 解

次の対話文を読んで，内容に合わないものを下のア～エの中から1つ選び，記号を○で囲みなさい。 (7点)

Tom: Bob, this is Yuki. Yuki is a new student at our school. She's an exchange student from Japan.

Bob : Oh, really? I like Japan very much. Nice to meet you, Yuki.

Yuki: Nice to meet you, too.

Bob : Is this your first time in Australia?

Yuki: Yes, it is. I'm happy to be here. Australia is a very nice place.

（注）exchange student：交換留学生

ア トムが由紀をボブに紹介している。

イ 由紀は日本からオーストラリアに来た交換留学生である。

ウ ボブと由紀は初対面である。

エ 由紀は以前に1度オーストラリアを訪問したことがある。

5 和文英訳

次の日本文を英語にしなさい。 (10点×3)

ミス注意

(1) 今，手があいていますか。 [静岡県・改]

[ ]

アドバイス ☞「手があいている」は「ひまな」と考える。また，主語を補うことに注意。

(2) 私はバレーボールチームの一員でした。 [山梨県]

[ ]

(3) 祖父の家は学校の近くにあります。 [三重県・改]

[ ]

TEST

UNIT 2

一般動詞(現在)

必ず出る！要点整理

一般動詞の現在形

❶ **主語が I, you, 複数**…原形と同じ形。

I like soccer very much.（私はサッカーが大好きです。）

❷ **主語が 3 人称単数**

(1) 原形に **s** か **es** をつける。この形を 3 人称単数現在形という。
└略して 3 単現ともいう

Bob lives in Sydney.（ボブはシドニーに住んでいます。）

She goes to school by bus.（彼女はバスで通学しています。）

重要！

(2) **have** は，不規則に変化して **has** になる。

My brother has a car.（私の兄は車を持っています。）

s, es のつけ方

▶ **つけ方のルール**…原形の語尾によって，次の 3 通りがある。

原形の語尾	つけ方	例（原形→ 3 人称単数現在形）
ふつうの場合	**s** をつける	come → comes know → knows
o, s, x, ch, sh	**es** をつける	watch → watches finish → finishes
〈子音字＋ y〉	y → **ies**	study → studies carry → carries

※語尾が〈母音字＋ y〉なら，そのまま s をつける。play → plays

一般動詞の現在の否定文

(1) 主語が I, you, 複数…**do not** か短縮形 **don't** を動詞の前におく。

I don't use this computer.（私はこのコンピューターは使いません。）

(2) 主語が 3 人称単数…**does not** か **doesn't** を使い，動詞は**原形**にする。

重要！

〈does not[doesn't] ＋動詞の原形〉

She doesn't like cats.（彼女はネコが好きではありません。）

よく出る 3 単現

- study → **studies**
- have → **has**
- go → **goes**
- teach → **teaches**
- watch → **watches**

注意

頻度を表す副詞

頻度を表す副詞は一般動詞の前におくのが基本。主語が 3 人称単数のとき，3 単現の **s** や **es** を忘れやすいので注意。

- He **always** says so.
（彼はいつもそう言います。）
- Aya **often** goes to the gym.（綾はよく体育館に行きます。）

参考

s, es の発音

[z ズ]	plays	goes
[s ス]	likes	helps
[iz イズ]	uses	washes
[ts ツ]	visits	wants
[dz ヅ]	needs	reads

注意

says, does の発音

- say[sei]→ **says**[sez セズ]
- do[duː]→ **does**[dʌz ダズ]

〈no ＋名詞〉

〈no ＋名詞〉を使えば，肯定文の形で否定の意味を表すことができる。

- I have **no** sisters.
（私は姉妹が 1 人もいません。）

EXAMPLE

学習日 ／

James likes sushi very much.

ジェームズはすしがとても好きです。

一般動詞の現在の疑問文

❶ ふつうの疑問文

(1) 主語が you や複数…**Do** で文を始める。

Do you know this song?（あなたはこの歌を知っていますか。）

— Yes, I do.（はい，知っています。）/ No, I don't.（いいえ，知りません。）
└答えの文でも do を使う

重要！

(2) 主語が 3 人称単数…〈**Does ＋主語＋動詞の原形 ～?**〉

Does Paul play tennis?（ポールはテニスをしますか。）

— Yes, he does.（はい，します。）/ No, he doesn't.（いいえ，しません。）
└答えの文でも does を使う

❷ 疑問詞の疑問文…疑問詞で始め，あとにふつうの疑問文を続ける。

What do you have for breakfast?（あなたは朝食に何を食べますか。）

— I always have bread.（私はいつもパンを食べます。）
└問いの文の動詞を使う

be動詞の文と一般動詞の文の書きかえ

▶ **一般動詞の形**…主語が 3 人称単数のときは一般動詞の形に注意。

・You are a good baseball player.（あなたは上手な野球選手です。）

➡ You play baseball well.（あなたは野球を上手にします。）

・He's a math teacher at my school.（彼は私の学校の数学の先生です。）

➡ He teaches math at my school.（彼は私の学校で数学を教えています。）
└3 単現になることに注意

! 注意

Do[Does] ～? への答え方

・問いの文の主語が you や複数
Yes, I[we, they] **do.**
No, I[we, they] **don't.**
・問いの文の主語が 3 人称単数
Yes, he[she, it] **does.**
No, he[she, it] **doesn't.**

疑問詞が主語の疑問文

疑問詞が主語になる場合は，疑問詞のあとに動詞を続ける。who は 3 人称単数扱い。

・**Who cooks dinner?**
（だれが夕食を作りますか。）
— **My sister does.**
（私の姉が作ります。）

Q. 基礎力チェック問題

解答はページ下

[　] 内から適する語を選べ。

(1) Mary [like, likes] music.

(2) My brother [go, goes] to school by bike.

(3) They [run, runs] every morning.

(4) April [have, has] thirty days.

否定文に書きかえよ。

(5) I play basketball.
I [　　　] play basketball.

(6) Ms. Hill lives in London.
Ms. Hill [　　　] [　　　] in London.

疑問文に書きかえよ。

(7) You know my mother.
[　　　] you know my mother?

(8) Paul studies science hard.
[　　　] Paul [　　　] science hard?

答えの文の [　] に適する語を入れよ。

(9) Do you have any pets?
— Yes, I [　　　].

(10) Does your father cook on Sundays?
— No, [　　　] [　　　].

A. (1) likes (2) goes (3) run (4) has (5) don't (6) doesn't live (7) Do (8) Does, study (9) do (10) he doesn't

高校入試実戦力アップテスト

UNIT 2

一般動詞(現在)

1

適語選択

次の英文や対話文の[　　]内から適する語を選び，記号を○で囲みなさい。 (4点×3)

(1) *A:* Does your sister work in Kyoto?
B: Yes. She is a teacher. She [ア teach　イ teaching　ウ teaches　エ taught] math at high school now. [福島県]

ミス注意 (2) My grandfather doesn't [ア drink　イ drinks　ウ drinking　エ drunk] coffee. [大阪府・改]

(3) *A:* Nancy, [ア do　イ does　ウ is　エ are] your music class start at ten?
B: No, at eleven. [沖縄県]

2

語形変化

次の(　　)内の語を適する形にして，[　　]に書きなさい。 (5点×3)

(1) *A:* How does Meg come to school?
B: She usually (walk). [山口県]
[　　　　]

(2) I'm going to talk about my town. My town (have) a lot of beautiful places. My favorite place is Higo Park. [熊本県]
[　　　　]

(3) *A:* Who takes care of the flowers?
B: Takahiro (do). [　　　　]

3

適語補充

次の対話文の[　　]に適する語を書きなさい。 (5点×3)

(1) *A:* Where does he go every Saturday?
B: He [　　　　] to Green Tennis Court. [宮崎県]

(2) *A:* Do you have a pet?
B: No, I [　　　　].

(3) *A:* My parents are in America now.
B: Oh, really? [　　　　][　　　　] they live?
A: They live in Boston.

時間： 30 分	配点： 100 点	目標： 80 点
解答： 別冊 p.2	得点： 点	

4 並べかえ

正しい英文になるように，[　　]内の語(句)を並べかえなさい。 (8点×2)

ミス注意 (1) *A:* How many members does your club have?
B: Our [members / has / club / twelve]. [宮崎県]
[　　　　　　　　　　　　　　　　　　　　]

(2) *A:* What [do / of / think / you / my] idea?
B: I think it's good. [秋田県・改]
[　　　　　　　　　　　　　　　　　　　　]

5 適文選択

次の対話文の[　　]に適する英文を選び，記号を○で囲みなさい。 (6点×2)

(1) *A:* Do you use this computer?
B: [　　　　] [栃木県]
ア No, I'm not.　　イ No, I wasn't.
ウ Sure, it does.　　エ Yes, I do.

(2) *A:* Which girl is your sister in this picture?
B: Well, the girl holding a racket is my sister.
A: Oh, [　　　　]
B: Yes, she practices at the court every day. [徳島県]
ア does she enjoy swimming?　　イ does she like playing tennis?
ウ does she enjoy cooking?　　エ does she like singing a song?

6 和文英訳

次のような場合，英語でどのように言えばよいですか。英文を書きなさい。 (10点×3)

(1) 相手の発言に対して，「私もそう思います」と伝えるとき。 [愛媛県・改]
[　　　　　　　　　　　　　　　　　　　　]

ミス注意 (2) 家族についての話で，「兄はアメリカで科学を勉強しています」と説明するとき。
[　　　　　　　　　　　　　　　　　　　　]
アドバイス ☞「兄」は３人称単数。動詞の３単現の形に注意。

(3)「祖父と私は一緒に彼の犬をしばしば散歩させる」ということを伝えるとき。 [三重県・改]
[　　　　　　　　　　　　　　　　　　　　]

TEST

03

UNIT 3 一般動詞(過去)

必ず出る！ 要点整理

規則動詞の過去形

❶ **規則動詞の過去形**…多くの場合，動詞に **ed** をつける。

I helped my father yesterday.（私は昨日，父を手伝いました。）

❷ **ed のつけ方**…原形の語尾によって，次の 4 通りがある。

原形の語尾	つけ方	例（原形→過去形）
ふつうの場合	**ed** をつける	visit → visited open → opened
e で終わる	**d** だけをつける	use → used live → lived
〈子音字＋y〉	y → **ied**	study → studied try → tried
〈短母音＋子音字〉	子音字を重ねて **ed**	stop → stopped plan → planned

不規則動詞の過去形

▶ **不規則動詞の過去形**…1 語 1 語不規則に変化する。

Ann made some cookies.（アンはクッキーを作りました。）
└make の過去形

(1) 形がまったく変わる… go ➡ **went**，eat ➡ **ate**

(2) 形が少し変わる… have ➡ **had**，get ➡ **got**

(3) 形は同じだが発音が変わる
… read［riːd リード］ ➡ **read**［red レッド］

※形も発音も変わらないものもある。put ➡ put

一般動詞の過去の否定文

▶ **否定文の作り方**…主語に関係なく，**did not** か短縮形 **didn't** を動詞の前におく。動詞は**原形**になる。

I did not read a book yesterday.（私は昨日，本を読みませんでした。）

Jun didn't watch TV last night.（潤は昨夜テレビを見ませんでした。）

比較

現在と過去

過去形は主語に関係なく，同じ形を使う。

現在 I **help** my father.
Aki **helps** her father.

過去 I **helped** my father.
Aki **helped** her father.

参考

ed，d の発音

［d ド］ played called
［t ト］ looked watched
［id イド］ visited needed

注意

語尾が〈母音字＋y〉のとき

そのまま ed をつける。
・play → played
・enjoy → enjoyed

よく出る！

よく出る不規則動詞

・go → **went**
・have → **had**
・see → **saw**
・get → **got**
・buy → **bought**

注意

一般動詞の do

do は「～をする」という意味の一般動詞としても使われる。3 人称単数現在形は does で，過去形は did になる。
・I **did** my homework.
（私は宿題をしました。）
・I didn't **do** my homework.
（私は宿題をしませんでした。）

学習日 /

EXAMPLE

Where did you go yesterday? — I went to the library.

あなたは昨日，どこへ行きましたか。— 図書館へ行きました。

一般動詞の過去の疑問文

1 ふつうの疑問文…主語に関係なく **Did** で文を始め，動詞は**原形**。

重要！

〈**Did＋主語＋動詞の原形　～?**〉

Did you study English?（あなたは英語を勉強しましたか。）

— Yes, I did.（はい，しました。）/ No, I didn't.（いいえ，しませんでした。）

└答えの文でも did を使う

2 疑問詞の疑問文…**疑問詞で始め，過去の疑問文**を続ける。

When did you come to Tokyo?（あなたはいつ東京に来ましたか。）

— I came yesterday.（私は昨日来ました。）

└come の過去形

3 疑問詞が主語の疑問文…**疑問詞のあとに動詞を続ける。**

What happened to Sam?（サムに何が起きたのですか。）

└動詞の過去形

— He had an accident.（彼は事故にあいました。）

└have の過去形

過去を表す語句

- **yesterday**（昨日）
- **～ ago**（〈今から〉～前に）
  three days ago（３日前に）
- **then / at that time**（そのとき）
  └過去進行形で使われることが多い（→ p.28）
- **last ～**（この前の～）
  last night（昨夜）
  last Sunday（この前の日曜日）
  last week（先週）

比較

一般動詞の疑問文

現在…主語によって，Do と Does を使い分ける。

- **Do** you play baseball?（あなたは野球をしますか。）
- **Does** he play baseball?（彼は野球をしますか。）

過去…主語が何であっても，Did を使う。

- **Did** you play baseball?（あなたは野球をしましたか。）
- **Did** he play baseball?（彼は野球をしましたか。）

参考

「昨日の～」の表し方

「昨日の朝」など，「昨日の～」は yesterday ～ の形で表す。

- yesterday morning（昨日の朝）
- yesterday evening（昨日の晩）

※「昨日の夜」は last night。

Q. 基礎力チェック問題

解答はページ下

[　] 内から適する語を選べ。

(1) I [play, played] soccer yesterday.

(2) Maki [use, used] her camera last Friday.

(3) I'm hungry, so I [want, wanted] some food.

(4) John [leaves, left] home an hour ago.

[　] 内の語を適する形にかえよ。

(5) Mr. Oka [go] to America last year.

(6) Judy [make] breakfast and ate it.

(7) My brother [study] English, but I didn't.

(8)は否定文に，(9)は疑問文に書きかえよ。

(8) Andy visited me last month.
Andy [　　　] [　　　] me last month.

(9) You wrote a letter to Ann.
[　　　] you [　　　] a letter to Ann?

答えの文の [　] に適する語を入れよ。

(10) Did you clean your room?
— Yes, I [　　　].

(11) Did Ms. Beck come to school today?
— No, [　　　] [　　　].

A. (1) played (2) used (3) want (4) left (5) went (6) made (7) studied (8) didn't visit (9) Did, write (10) did (11) she didn't

高校入試実戦力アップテスト

UNIT 3

一般動詞(過去)

1 適語選択

次の英文や対話文の[　　]内から適する語(句)を選び，記号を○で囲みなさい。 (4点×4)

(1) Yesterday I [ア make　イ made　ウ to make　エ making] a speech in front of my class in English. [栃木県]

(2) *A:* What did you do after school?
B: I [ア will leave　イ leave　ウ leaves　エ left] school and went home. [沖縄県]

(3) [ア Has　イ Can　ウ Did　エ Are] the students work very hard yesterday? [神奈川県]

(4) Emma had a bad cold [ア next　イ last　ウ ago　エ before] week.

2 語形変化

(　　)内の語を適する形(1語)にして，[　　]に書きなさい。 (5点×4)

(1) I had to get up early the next day, so I [　　　　] to bed early that night.　(go) [京都県]

ミス注意 (2) Last year, I [　　　　] a blue tie as a birthday present for my father.　(choose) [兵庫県]

(3) I [　　　　] *"sakuramochi"* in this shop last week.　(buy) [山口県]

(4) *A:* This CD player doesn't work.
B: Oh, really?　It [　　　　] again!　(break) [千葉県]

3 適語補充

次の英文や対話文の[　　]に適する語を書きなさい。ただし，(1)は「メモ」の内容をもとにすること。また，(2)は3文字の語を答えなさい。 (6点×2)

(1) メモ：家族写真について　昨年東京で撮影
We [　　　　] this picture in Tokyo last year. [長崎県・改]

(2) *A:* What did you eat for lunch, Mariko?
B: I [　　　　] a hamburger. [北海道]

時間： 30 分	配点： 100 点	目標： 80 点
解答： 別冊 p.3	得点： 点	

4 適文選択

次の対話文の［　　］に適する英文を選び，記号を○で囲みなさい。 (6点×2)

ミス注意 (1) *A:* Wow!　The cherry blossoms in this park are very beautiful.

B: I think this is the best season to come here.

A: [　　　　　]

B: No.　I wanted to come, but I could not. ［福岡県］

ア Did you want to come to the park?　イ When will you come here?

ウ How did you know about the park?　エ Did you come here last spring?

アドバイス ☞ B が No. の答えのあとに言っていることに注意する。

(2) *A:* Look at this picture.

B: Wow!　Who caught such a big fish?

A: [　　　　　] ［北海道］

ア I caught the ball.　イ No, it isn't.

ウ I did.　エ There are two fish here.

5 並べかえ

正しい英文になるように，［　　］内の語(句)を並べかえなさい。 (8点×2)

(1) I [a / Shiretoko / TV program / about / watched] a few weeks ago. ［山口県］

[　　　　　　　　　　　　　　　　　　　　　]

（注）Shiretoko：知床（北海道にある半島の名前）

(2) My brother [his / after / homework / did / dinner] yesterday.

[　　　　　　　　　　　　　　　　　　　　　]

6 和文英訳

次の日本文を英語にしなさい。 (8点×3)

(1) 私は Yamanaka City に電車で家族と行きました。(6 語以上) ［三重県・改］

[　　　　　　　　　　　　　　　　　　　　　]

(2) 私はとても疲れたが，彼らと楽しい(よい)時間を分かち合った。 ［福島県・改］

[　　　　　　　　　　　　　　　　　　　　　]

(3) この前の日曜日，雪がたくさん降りました。

[　　　　　　　　　　　　　　　　　　　　　]

TEST

UNIT 4

名詞・冠詞・代名詞

必ず出る！ 要点整理

数えられる名詞

❶ 単数形…1つであることを表す形で，前に **a** や **an** がつく。

That's a house.（あれは家です。）

❷ 複数形…2つ以上であることを表す形で，**最後に s か es** をつける。

(1) s，es のつけ方…名詞の語尾によって，次の3通りがある。

名詞の語尾	つけ方	例（単数形→複数形）
ふつうの場合	**s** をつける	book → book**s**
s，x，ch，sh	**es** をつける	box → box**es**
〈子音字＋ y〉	y → **ies**	city → cit**ies**

重要！

(2) 不規則に変化する名詞…**s，es** をつけないで複数形にする語もある。

child（子ども）➡ children　man（男の人）➡ men

数えられない名詞

❶ 固有名詞，抽象名詞など…a や an はつかず，複数形にもならない。

（抽象名詞：具体的な形のないもの）

Do you like music?（あなたは音楽が好きですか。）

❷ 物質名詞の分量の表し方…容器などの単位を使って表す。

（物質名詞：液体・素材など）

I had two cups of tea.（私は紅茶を2杯飲みました。）

（a cup of ～で「カップ1杯の～」）

冠詞（a，an，the）の使い方

❶ a と an の用法…a は数えられる名詞の**単数形**の前につく。発音が母音で始まる語の前では a の代わりに，**an** を用いる。

This is an egg.（これは卵です。）

❷ the の用法…単数形にも複数形にも，数えられない名詞にもつく。

重要！

前に出た名詞を受けて，「**その～**」というときに使う。

I have a ball.　This is the ball.

（私はボールを持っています。これがそのボールです。）

参考

複数形の s，es の発音

[z ズ]	pens	songs
[s ス]	cups	parks
[iz イズ]	buses	dishes
[ts ツ]	arts	rackets
[dz ヅ]	beds	hands

注意

不規則に変化する名詞

・woman（女の人）→ **women**
・tooth（歯）→ **teeth**
・foot（足，フィート）→ **feet**
※Japanese（日本人）は単数形と複数形が同じ形。

分量の表し方

・a glass of milk（コップ1杯の牛乳）
・two glasses of water（コップ2杯の水）
・a piece of cake（1切れのケーキ）
・two pieces of paper（2枚の紙）

参考

その他の the を使うとき

①何を指しているか明らかな場合
Open the window.（窓を開けなさい。）
②1つしかないもの
the sun（太陽）
③1つに特定できるもの
the name of this flower（この花の名前）
④楽器名などの前で種類全体を表す（「～というもの」）
play the guitar（ギターを弾く）

学習日 ／

EXAMPLE ☞

Some of my friends often visit me.

私の友人たちの何人かはよく私を訪ねてきます。

代名詞の使い方

❶ 代名詞の変化…文中での働きによって，4つの形を使い分ける。

単数				複数			
～は	～の	～を，に	～のもの	～は	～の	～を，に	～のもの
I	my	me	mine	we	our	us	ours
you	your	you	yours	you	your	you	yours
he she it	his her its	him her it	his hers —	they	their	them	theirs

❷ 代名詞 one の用法…前に出た名詞をくり返す代わりに用いる。

it が同一のものを指すのに対し，one は同種類のものを指す。

My bike is old, so I want a new one.（one：bike の代わりに使われている）

（私の自転車は古いので，新しいのがほしい。）

it の特別用法

(1) 時刻　It's two o'clock.　（2時です。）

(2) 曜日　It's Saturday.　（土曜日です。）

(3) 天候　It's sunny today.　（今日は晴れです。）

(4) 寒暖　It's hot outside.　（外は暑いです。）

(5) 距離　How far is it from here to that tower?

（ここからあの塔までどれくらいありますか。）

参考

指示代名詞

人や物を指し示す代名詞。

- **単数**：this（これ）
  that（あれ）
- **複数**：these（これら）
  those（あれら）

参考

その他の代名詞

- **単数扱い**
  something（何か）
  someone（だれか）
  anything
  (〈疑問文・否定文で〉何か)
  everyone（だれでも）
  nothing（何も～ない）
  each（それぞれ，めいめい）
- **複数扱い**
  all（全部，みんな）
  both（両方）
  some（いくつか，何人か）
  any（いくつか，何人か）

some of the students
（生徒の何人か）

Q. 基礎力チェック問題

解答はページ下

次の名詞の複数形を書け。複数形がないものには×を書け。

(1) bike [　　] (2) class [　　]

(3) tennis [　　] (4) country [　　]

(5) child [　　] (6) Japan [　　]

[　] に適する語を入れよ。

(7) A [　　] of hot coffee, please.
（ホットコーヒーを1杯ください。）

(8) Do you play [　　] piano?
（あなたはピアノを弾きますか。）

[　] 内から適する語を選べ。

(9) Miki has a dog. [A, The] dog is cute.

(10) Do you know [he, his, him]?

(11) That's [we, our, us] school.

(12) I don't have any pens. I need [it, one].

ほぼ同じ内容の文にせよ。

(13) These are my books.
These books are [　　].

(14) This movie is exciting.
This is [　　] exciting movie.

A. (1) bikes (2) classes (3) × (4) countries (5) children (6) × (7) cup (8) the (9) The (10) him (11) our (12) one (13) mine (14) an

高校入試実戦力アップテスト

UNIT 4

名詞・冠詞・代名詞

1

適語選択

次の英文や対話文の[　　]内から適する語(句)を選び，記号を○で囲みなさい。 (5点×6)

(1) People in Australia usually come to Japan by [ア train　イ plane　ウ gym　エ zoo]. [北海道]

(2) Please tell me [ア a name　イ the name　ウ name　エ names] of this fish.

(3) *A:* These bananas and oranges look very good.
B: Yes. Which do you want to eat for breakfast tomorrow?
A: Let's buy both of [ア them　イ it　ウ you　エ us]. I love all fruits. [岩手県]

(4) If I can play music, I will get more [ア lessons　イ hobbies　ウ chances　エ spaces] to meet people. [栃木県]

(5) *A:* Whose pencil is this?
B: It's not mine but I think it's [ア he　イ his　ウ she　エ her]. [沖縄県]

ミス注意 (6) *Kenta:* Some fishermen are cutting a whole tuna.
Jack : Wow! I've never seen such a big [ア it　イ that　ウ one　エ them]!

(注) fishermen：漁師　tuna：マグロ [静岡県]

2

適語補充

次の対話文の[　　]に適する語を書きなさい。ただし，[　　]に示した文字で始めること。(1)は，＿に1文字ずつ入れるものとする。 (6点×2)

(1) *Alex* : I'd like to know what some Japanese words mean.
Do you have a [d _ _ _ _ _ _ _ _ _]?
Eri : Yes. Here you are. [神奈川県]

(2) *Mary:* What did you do after school yesterday?
Kumi: I went to the [l　　　　] and borrowed some books.
Mary: Really? I was also reading books there. [高知県]

3

語形変化

(　　)内の語を適する形にして，[　　]に書きなさい。 (6点×4)

(1) *A:* Do you know about this man?
B: Yes, he is a musician. I know some of [　　　　] songs. (he) [山口県]

(2) I have many good [　　　　] of my stay in China. (memory) [兵庫県]

ミス注意 (3) *A:* Are these Jane's notebooks?
B: No. They are [　　　　]. (I) [千葉県]

時間：	30 分	配点：	100 点	目標：	80 点
解答：	別冊 p.4	得点：	点		

ミス注意 (4) *A:* How many [　　　　] are there in the classroom? (child)
B: There are about ten.

4 適語補充

次の対話文の[　　]に適する語を書きなさい。 (8点×3)

(1) *Mr. Suzuki:* Hello. Welcome to our hotel. How can I help you?
Jenny : I'm going to stay here for two days.
Mr. Suzuki: OK. May I have your [　　　　], please?
Jenny : Jenny Smith. [岡山県]

(2) *A:* Did you go hiking last Sunday?
B: No. [　　　　] was rainy.

(3) *Jane* : When is your birthday?
Takuya: It's very easy to remember. It's just one day before New Year's Day.
Jane : Do you mean it's [　　　　] 31?
Takuya: That's right. [岐阜県]

5 読 解

ハイレベル **カナダに留学中の Yuta がホームステイ先の中学生の Robin と，市のポスターを見ながら話しています。次の対話文を読み，下線部の that が指す内容として最も適切なものをア～エから選んで，記号を○で囲みなさい。** [山口県・改] (10点)

Yuta : Will the city collect some items we don't need?
Robin: That's right. I'm going to take my magazines to City Park.
Yuta : I can help you if you have many magazines to carry.
Robin: Thanks. Oh, wait. You're studying English, so you can have some of the magazines if you want.
Yuta : Really? I can improve my English by reading them. I think <u>that</u> is one of the ways to reduce waste.
Robin: You're right.

(注) items：物品　improve ～：～を上達させる　reduce waste：ごみを減らす

ア cleaning the streets every year　　イ carrying heavy things together
ウ buying magazines to study English　エ reusing things that others don't need

アドバイス ☞ 直前の文の them は Robin の発言にある雑誌のこと。どのような雑誌か考える。

TEST

5 形容詞・副詞

必ず出る！ 要点整理

形容詞の２つの用法

❶ **名詞を修飾する用法**…名詞のすぐ前におく。〈**a[an]など＋形容詞＋名詞**〉の形でよく使われる。

This is an interesting book.（これはおもしろい本です。）

❷ **主語を説明する用法**…おもに be 動詞のあとにおかれて，「…は～です」のように，主語の様子や状態などを説明する。

重要！

❶の用法 ➡ This is **a nice bag.**（これはすてきなかばんです。）
〈a ＋形容詞＋名詞〉

❷の用法 ➡ This bag **is nice.**（このかばんはすてきです。）
〈be 動詞＋形容詞〉。形容詞のあとに名詞がないので，nice の前に a はつかない

主語を説明する用法

be動詞以外に，look, become, feel などのあとにも形容詞がくる。（→ p.48）

- You **look young.**
（あなたは若く見えます。）
- He **became famous.**
（彼は有名になりました。）
- I **feel good.**
（私はいい気分です。）

語順に注意すべき形容詞

❶ **-thing を修飾する形容詞**…something や anything などを修飾する形容詞はその直後におき，〈**-thing ＋形容詞**〉の形になる。

I'll try something new.（私は何か新しいことに挑戦します。）

❷ **such の用法**…〈**such a[an]＋名詞**〉で「そのような～，そんな～」という意味。**such a[an]のあとに〈(別の形容詞)＋名詞〉**が続くこともよくある。

Don't say such a silly thing.（そんなばかなことを言ってはいけません。）
形容詞

〈**-thing ＋形容詞**〉

- Did you see **anything white?**（何か白いものが見えましたか。）
- What are you doing?
— **Nothing special.**
（何をしているのですか。
— 特に何も。）

数や量を表す形容詞

▶ **数や量の表し方**…数えられる名詞の数や，数えられない名詞の量についていうとき，次のように形容詞を使い分ける。

意味	数	量
たくさんある	many	much
いくらかある	some	some
少しある	a few	a little
ほとんどない	few	little
まったくない	no	no

※ many, some, a few, few のあとの数えられる名詞は，複数形になる。no のあとの数えられる名詞は，単数形も複数形もくる。

I can sing a few English songs.（私は英語の歌を少し歌えます。）
数えられる名詞の複数形

We had little snow this winter.（この冬は雪がほとんど降りませんでした。）
数えられない名詞

注意

any の用法

any も some と同じように，数にも量にも用いる。any は疑問文・否定文で使われることが多い。否定文では，not ～ any で no と同じ意味になる。

- Do you have **any** pets?
（何かペットを飼っていますか。）
- I don't have **any** pets.
＝ I have **no** pets.
（ペットは何も飼っていません。）

※話し言葉では I don't have any ～. がふつうの言い方。

学習日

EXAMPLE

I'm very hungry, but I have no money.

私はとてもおなかがすいていますが，お金がありません。

副詞の用法

▶ **働き**…動詞，形容詞，ほかの副詞を修飾。ふつう次の位置にくる。

(1) 動詞を修飾するとき ➡ その動詞(＋目的語)のあと。

(2) 形容詞やほかの副詞を修飾するとき ➡ その語の前。

Bob swims very fast.（ボブはとても速く泳ぎます。）

重要！

(3) 頻度を表す副詞 ➡ **be動詞や助動詞のあと，一般動詞の前。**

I usually get up at six.（私はふつう6時に起きます。）

形容詞を含む熟語

▶ **形**…〈be 動詞＋形容詞＋前置詞〉の形でよく出る。(→ p.88)

- be good at　Mark is good at math.（マークは数学が得意です。）
- be famous for　This country is famous for beautiful roses.（この国は美しいバラで有名です。）
- be different from　His idea is different from mine.（彼の考えは私のとはちがっています。）
- be late for　I was late for school today.（今日私は学校に遅れました。）
- be interested in　I'm interested in Chinese history.（私は中国の歴史に興味があります。）

参考

too, either

too は「〜もまた」の意味。否定文では either を使う。

- I can swim, **too.**（私も泳げます。）
- I can't swim, **either.**（私も泳げません。）

頻度を表す副詞

- always（いつも，常に）
- usually（ふつう，たいてい）
- often（よく，しばしば）
- sometimes（ときどき）
- never（一度も〜ない）

注意

〜ing / 〜ed の形の形容詞

- exciting / excited（〈人を〉わくわくさせる／〈人が〉わくわくして）
- surprising /surprised（〈人を〉おどろかせる／〈人が〉おどろいて）

Q. 基礎力チェック問題

解答はページ下

[　]内の語を並べかえよ。

(1) Is that [park, big, a]?

(2) I [very, tired, am] today.

(3) I'd like to drink [cold, something].

(4) I can't believe [a, story, such].

ほぼ同じ内容の文にせよ。

(5) These are old cups.
These cups [　　　] [　　　].

(6) Did you use a lot of water?
Did you use [　　　] water?

[　]内から適する語(句)を選べ。

(7) I had [few, little] time for breakfast.

(8) Do you have [many, much] books?

(9) I met him [few, a few, a little] days ago.

(10) I don't have [no, some, any] sisters.

[　]に適する語を入れよ。

(11) This picture is [　　　] [　　　].
(この絵は本当に美しい。)

(12) We [　　　] [　　　] here.
(私たちはよくここへ来ます。)

A. (1) a big park (2) am very tired (3) something cold (4) such a story (5) are old (6) much (7) little (8) many (9) a few (10) any (11) really beautiful (12) often come

高校入試実戦力アップテスト

UNIT 5

形容詞・副詞

1

適語選択

次の英文や対話文の[　　]内から適する語を選び，記号を○で囲みなさい。 (6点×5)

(1) *A:* John, be [ア famous　イ small　ウ cloudy　エ quiet]. Look. That baby is sleeping.
B: Oh, sorry. [山口県]

(2) I won't go out because it's [ア usually　イ still　ウ never　エ very] raining.

(3) When he saw some members who looked [ア tired　イ surprised　ウ happy　エ fine], he asked, "Are you all right?" or said, "You can take a break." [鹿児島県]

(注) take a break：休憩をする

(4) *A:* Is this your first time to visit this shrine?
B: Yes. I have never seen [ア very　イ such　ウ so　エ much] a beautiful shrine. [兵庫県]

ミス注意 (5) Especially Shizuoka is famous [ア as　イ in　ウ on　エ for] its nice tea. [静岡県]

2

適語補充

次の英文や対話文の[　　]に適する語を書きなさい。それぞれ与えられた文字で始めること。 (7点×4)

(1) *Mary*: What subject do you like, Taku?
Taku: My [f　　　　] subject is Japanese. [岐阜県]

(2) I haven't had anything to drink since this morning. I am very [t　　　　]. [神奈川県]

(3) *A:* What do you do on Sundays?
B: I [u　　　　] play online games.

(4) *Jeff* : Yuki, what's *osechi*?
Yuki: It's one of the [t　　　　] Japanese foods. Some people eat it on New Year's Day. [高知県]

3

間違い指摘

次の文にはそれぞれ間違いが1つあります。それを選び，記号を○で囲みなさい。 (6点×3)

(1) I'm very happy because my uncle gave me a new bike two days before.
ア very　イ because　ウ me　エ before

時間： 30 分	配点： 100 点	目標： 80 点
解答： 別冊 p.5	得点：　　　点	

解答：別冊 p.5

(2) The game was very excited, so people who watched it in the stadium were very happy. ［大阪府］

ア excited　イ so　ウ who　エ were

(3) In the store, there was a nice postcard, but I didn't buy it because I had few money.

ア In　イ was　ウ didn't　エ few

4 読解

次の英文や対話文を読んで，あとの問いに答えなさい。 (8点×3)

(1) 〔留学生のニックが，家族へのおみやげに手ぬぐいを買おうとしている場面〕

Nick: I have a good idea!　I want to use a *tenugui* to wrap a present like your lunch box, Yuta.　It'll be fun for my family to think about how to use it after opening a present.

Yuta: I agree.　But if you use it for wrapping, you should find [　　] good present.

Nick: Oh, no.... ［静岡県・改］

（注）wrap：～を包む

〔問い〕本文中の[　　]に適する語を選び，記号を○で囲みなさい。

ア another　イ each　ウ every　エ many

よく出る！ (2) There was surprising news on the Internet.　It said, "YouTuber" was one of the most popular jobs among boys in junior high schools in Japan. ［沖縄県・改］

〔問い〕英文の内容に合うように，次の[　　]に適する語を書きなさい。

The writer was [　　　　] to hear the news that YouTuber became a popular job among boys in junior high schools in Japan.

ハイレベル (3) Compared to other fluids, water does not get hot and cold soon.　This property has an influence on changes in temperature in areas near seas or lakes.　For example, the temperature in those areas tends to change more [　　] than the temperature in areas without seas or lakes. ［大阪府・改］

（注）compared to ～：～と比較すると　fluid：液体　property：性質　tend to ～：～する傾向がある

〔問い〕本文中の[　　]に適する語を選び，記号を○で囲みなさい。

ア clearly　イ early　ウ quickly　エ slowly

アドバイス ☞ 1文目で述べられている水の性質から考えよう。

TEST

UNIT 6

進行形

必ず出る！ 要点整理

現在進行形

❶ 現在進行形の意味と形

(1) 意味…「(今)～しているところだ」と進行中の動作を表す。

重要！ (2) 形…〈be 動詞(am, is, are)＋動詞の ing 形〉
└主語によって使い分ける

I am reading a newspaper. (私は新聞を読んでいます。)

❷ ing のつけ方…原形の語尾によって，次の 3 通りがある。

原形の語尾	つけ方	例（原形→ ing 形）
ふつうの場合	ing をつける	play → playing talk → talking
e で終わる	e をとって ing	make → making write → writing
〈短母音＋子音字〉	子音字を重ねて ing	run → running swim → swimming

過去進行形

(1) 意味…「～していた」と過去のある時点で進行中だった動作を表す。

重要！ (2) 形…〈was[were]＋動詞の ing 形〉
└be 動詞の過去形を使う。主語によって使い分ける

We were practicing soccer. (私たちはサッカーを練習していました。)

進行形の文

▶ 進行形の文の作り方…以下のポイントをおさえて作る。

例) Ken が昨日の 2 時に野球をしていた様子の絵を見て文を作る場合。

① 主語を確認する。(Ken ＝ 3 人称単数)

② 現在か過去かを確認する。(昨日の 2 時＝過去)

③ ①と②から，be 動詞を決める。(was)

④ 主語の動作を確認する。(野球をしていた)

⑤ ④から一般動詞を決めて ing 形にする。(play → playing)

➡ Ken was playing baseball at two yesterday.

注意

進行形にしない動詞

次の動詞のように，動作ではなく状態を表す動詞は進行形にしない。

- know（知っている）
- like（～が好きだ）
- want（～がほしい）
- need（～を必要とする）

have は，「～を持っている」の意味では進行形にしないが，「～を食べる」などの意味では進行形にできる。

- I **was having** lunch.
（私は昼食を食べていました。）

注意

注意する ing のつけ方

- see（見える） → seeing
- visit（訪れる） → visiting
- die（死ぬ） → dying

参考

過去進行形でよく使われる時を表す語句

- then（そのとき）
- at that time（そのとき）
- at ～（～時に）
- when ～（～したとき）

参考

未来を表す進行形

現在進行形を使って未来のことを表すこともある。すでに決まっている予定などを言うときに使う。

- I'm **going** to Paris next month.
（私は来月，パリに行く予定です。）

学習日 ／

EXAMPLE

What are you doing? — I'm listening to music.

あなたは何をしているのですか。— 音楽を聴いています。

進行形の否定文

▶ **否定文の作り方**…**be 動詞のあとに not** をおき，ing 形はそのまま。〈**be 動詞＋ not ＋動詞の ing 形**〉の形。
└短縮形をよく使う

I am not saying that.（私はそういうことは言っていません。）

Bob wasn't sleeping then.（ボブはそのとき眠っていませんでした。）

進行形の疑問文

❶ **疑問文の作り方**…**主語の前に be 動詞を出し**，ing 形はそのまま。

肯定文　Ken is studying English.（健は英語を勉強しています。）

疑問文　Is Ken studying English?（健は英語を勉強していますか。）

❷ **答え方**…**be 動詞を使って**答える。do［does, did］は使わない。

Was your mother cooking?（あなたのお母さんは料理していましたか。）

— Yes, she was.（はい。）/ No, she wasn't.（いいえ。）

❸ **「あなたは何をしていますか［いましたか］」とたずねる文**

形 ➡ **What are［were］ you doing?**
└一般動詞の do（する）に ing がついた形

What are you doing here?（あなたはここで何をしているのですか。）

— I'm waiting for a friend.（友達を待っています。）
└進行形で答える

比較

be 動詞の否定文・疑問文

be 動詞を含む文の否定文・疑問文の作り方は同じ。

・ふつうの be 動詞の文
　He is busy.
→ He is **not** busy.
→ **Is** he busy?

・進行形の文
　He is studying.
→ He is **not** studying.
→ **Is** he studying?

くわしく！

疑問詞が主語の進行形の疑問文

〈**疑問詞＋ be 動詞＋動詞の ing 形 ～?**〉の形で表す。

・**Who is talking** with Aya?
（だれが綾と話していますか。）
— Her brother is.
（彼女の弟です。）

Q. 基礎力チェック問題

解答はページ下

［　］内から適する語を選べ。

(1) The people［is, are, were］singing now.

(2) Mika［am, are, was］running then.

(3) I'm［wash, washes, washing］the dishes.

(4) We were［talk, talked, talking］with our friends.

［　］内の語を適する形にかえよ。

(5) Mr. Hori is［listen］to music.

(6) Nancy was［make］cookies.

(7) They were［sit］under that big tree.

(8)は否定文に，(9)は疑問文に書きかえよ。

(8) I'm watching TV now.
I'm［　　　］［　　　］TV now.

(9) It was raining thirty minutes ago.
［　　　］it［　　　］thirty minutes ago?

対話文の［　］に適する語を入れよ。

(10) Are you using that computer?
— Yes, I［　　　］.

(11) What［　　　］you［　　　］after dinner?
— I was helping my mother.

A。 (1) are (2) was (3) washing (4) talking (5) listening (6) making (7) sitting (8) not watching (9) Was, raining (10) am (11) were, doing

高校入試実戦力アップテスト

UNIT 6

進行形

1

適語選択

次の英文や対話文の［　　］内から適する語(句)を選び，記号を○で囲みなさい。 (5点×4)

(1) My brother is [ア study　イ studies　ウ studying] math now. [大阪府・改]

ミス注意 (2) One of the birds I bought yesterday [ア is　イ are　ウ was　エ were] singing now. [神奈川県]

(3) *A:* I need Tom's help now.　Is Tom here?
B: No, he is not.
A: OK.　Please tell me when you see him.
B: Wait!　Look outside.　Tom and his friends [ア are playing　イ played　ウ plays　エ were playing] soccer now. [岩手県]

(4) *A:* I saw your brother in the library yesterday.
B: Really?　Was he reading a book?
A: No.　He [ア is studying　イ was studying　ウ studied　エ was reading].

2

適語補充

それぞれ〔　　〕内の指示にしたがって，次の英文や対話文の［　　］に適する語を書きなさい。 (7点×3)

(1) 〔茶会のちらしを見ながら会話している場面に合うように〕
Naoko: Hi.　What are you doing?
Cathy: Kelly and I are [　　　　] at the flyer for the tea ceremony in the Japanese garden of Michigan Park. [滋賀県・改]

(注) **flyer**：ちらし　**tea ceremony**：茶会，茶道

ミス注意 (2) 〔文字が示されているところは，その文字で始まる語を答える〕
Paul: Yesterday, I went downtown, and I was surprised.　Many people [　　　　] [r　　　　] in the street!　And many people were cheering for them along the street.
Nami: Oh, I think it was a city marathon. [愛知県]

(注) **downtown**：繁華街に　**marathon**：マラソン

(3) 〔市立図書館が読み聞かせのボランティアを募集していることの説明に〕
The city library is [　　　　] for some volunteers who can read books for children.

アドバイス ☞「募集している」は「さがしている」と考える。

時間： 30 分	配点： 100 点	目標： 80 点
解答： 別冊 p.6	得点： 点	

3 語形変化

次の英文や対話文の［　］に適する語を下の□からそれぞれ選び，適する形にかえて書きなさい。 (8点×3)

(1) Japanese and social studies are a little difficult but interesting, so I'm [　　　　] them. ［長崎県］

enjoy	make	play	see

(2) Now some countries are [　　　　] plans to have buildings which are over 1,000 meters tall. ［愛知県］

play	feel	make	look	search

(3) *Mike*　: Hi, Yuka.　Oh, what is that?
Yuka　: This is a telescope.
Mike　: Oh, is it a telescope?
Mr. Aoki: Hello, Yuka and Mike.　What are you doing?
Yuka　: Good afternoon, Mr. Aoki.　I'm [　　　　] Mike this telescope. ［大阪府・改］

（注）**telescope：望遠鏡**

be	make	see	show

4 適文選択

よく出る！

次の対話文の［　］に適するものを選び，記号を○で囲みなさい。 (5点)

〔伝統工芸品の店で〕

Peter　: Look, Ayaka!　[　　　　] at the table?
Ayaka: They're painting pictures on their cups.　I made my own cup last year. ［山口県］

ア What are they doing　　イ Where are they drinking tea
ウ When did they sit　　エ Which picture are they painting

5 並べかえ

正しい英文になるように，［　］内の語(句)を並べかえなさい。 (10点×3)

(1) [writing / was / a letter / my sister] in English. ［栃木県］
[　　　　　　　　　　　　]

(2) [are / what / you / cooking]?
[　　　　　　　　　　　　]

(3) Some students [care / were / of / taking / small children]. ［和歌山県］
[　　　　　　　　　　　　]

TEST

UNIT 7 未来の文

必ず出る！ 要点整理

未来の文① be going to ～の文

▶ **未来の表し方①…be going to ～を使って表す。**

(1) 意味…「**～するつもりだ，～するだろう，～することになってい る**」というように，これから先の予定などを表す。

重要！ (2) 形…**〈am[are, is] going to ＋動詞の原形〉**
（am[are, is]：主語によって使い分ける）

Ken is going to ski tomorrow.（健は明日スキーをするつもりです。）
（ski：主語が3人称単数でも動詞は原形）

be going to ～の否定文・疑問文

❶ 否定文の作り方…be 動詞のあとに not をおく。

Tom is not going to practice soccer after school.
（トムは放課後サッカーを練習するつもりではありません。）

❷ 疑問文の作り方と答え方

(1) ふつうの疑問文…**主語の前に be 動詞**を出す。

(2) 答え方…**be 動詞**を使って答える。

Are you going to run today?（あなたは今日走るつもりですか。）
— Yes, I am.（はい。）/ No, I'm not.（いいえ。）

(3) **「あなたは何をするつもりですか」…What are you going to do?**
（are：主語によって使い分ける）

What's Aki going to do today?（亜紀は今日，何をするつもりですか。）
— She's going to clean her room.（部屋を掃除するつもりです。）
（be going to ～の文で答える）

未来の文② will の文

▶ **未来の表し方②…will を使っても未来のことを表せる。**

(1) 意味…「**～でしょう**」と予想を表したり，「**～しようと思う**」と意思を表したりする。

重要！ (2) 形…主語が何であっても，**〈will ＋動詞の原形〉**。

I'll read this book tonight.（私は今夜この本を読もうと思います。）

The bus will be late.（バスは遅れるでしょう。）
（be：be 動詞の原形）

参考

短縮形

ふつうの be 動詞の文と同じように，〈主格の代名詞＋ be 動詞〉の短縮形もよく使う。

- **I'm** going to visit Nara.（私は奈良を訪れるつもりです。）
- **We're** going to visit Nara.（私たちは奈良を訪れるつもりです。）
- **He's** going to visit Nara.（彼は奈良を訪れるつもりです。）

疑問詞で始まる be going to ～の疑問文

- **When is** Beth **going to** come to Tokyo?
  — Next month.
  （ベスはいつ東京に来る予定ですか。— 来月です。）
- **How long are** you **going to** stay here?
  — For about a week.
  （あなたはここにどれくらい滞在するつもりですか。— 約1週間です。）

注意

〈代名詞（主格）＋ will〉の短縮形

- I will → **I'll**
- we will → **we'll**
- you will → **you'll**
- they will → **they'll**
- he will → **he'll**
- she will → **she'll**
- it will → **it'll**
- that will → **that'll**

学習日 ／

EXAMPLE

I'm going to clean my room next Sunday.

私は今度の日曜日に部屋を掃除するつもりです。

will の否定文・疑問文

❶ 否定文の作り方

(1) 形…will のあとに not をおいて，〈will not ＋動詞の原形〉。

Jim will not join us.（ジムは私たちの仲間に加わらないでしょう。）

(2) 短縮形…will not の短縮形は won't（発音は[wount ウォウント]）になる。

I won't watch TV today.（私は今日はテレビを見ません。）

❷ 疑問文の作り方と答え方

(1) 形…主語の前に will を出し，Will ～? の形。動詞は原形を使う。

(2) 答え方…will または won't を使って答える。

Will Sam be home tomorrow?（サムは明日，家にいるでしょうか。）

— Yes, he will.（はい。）/ No, he won't.（いいえ。）

よく出る！

疑問詞で始まる will の疑問文

- How will the weather be tomorrow?
  — It will be cloudy.
  （明日の天気はどうでしょうか。— くもりでしょう。）
- What time will the party begin?
  — It will begin at six.
  （パーティーは何時に始まりますか。— 6 時に始まるでしょう。）

未来を表す語句

- tomorrow（明日）
- this weekend（今週末）
  └this ～は過去の文でも使われる
- soon（まもなく，すぐに）
- someday（いつか）
- next ～（今度の～，次の～）
  next Sunday（今度の日曜日）
  next week（来週）
  next month（来月）
  next year（来年）

参考

「明日の～」の表し方

「明日の朝」など，「明日の～」は tomorrow ～の形で表す。

- tomorrow morning
  （明日の朝）
- tomorrow evening
  （明日の晩）

Q. 基礎力チェック問題

解答はページ下

[　] 内から適する語(句)を選べ。

(1) We [am, are, is] going to clean the park.

(2) Meg is going to [buy, buys] a new bag.

(3) I [made, will make] lunch tomorrow.

(4) It will [be, is, was] hot this summer.

未来の文に書きかえよ。

(5) I run in the park.
I'm [　　] [　　] run in the park.

(6) Kate uses this computer.
Kate [　　] [　　] this computer.

(7)は否定文に，(8)は疑問文に書きかえよ。

(7) I'm going to study English.
I'm [　　] going to study English.

(8) They'll leave Japan next week.
[　　] [　　] leave Japan next week?

[　] に適する語を入れよ。

(9) Are you going to wash the dishes?
— Yes, I [　　].

(10) [　　] the train come soon?
— No, it won't.

A. (1) are (2) buy (3) will make (4) be (5) going to (6) will use (7) not (8) Will they (9) am (10) Will

高校入試実戦力アップテスト

UNIT 7

未来の文

1

適語選択

次の英文の[　　]内から適する語を選び，記号を○で囲みなさい。 (6点×4)

(1) I'm [ア will　イ go　ウ going] to go camping this summer.

(2) He'll [ア visited　イ visits　ウ visit] Ms. Brown in Chiba.

(3) Misa and I [ア am　イ are　ウ was] going to study at the library.

(4) Mr. Smith [ア won't　イ didn't　ウ isn't] come here tomorrow.

2

適文選択

次の対話文の[　　]に適する英文を選び，記号を○で囲みなさい。 (7点×2)

(1) *A:* The movie is going to start soon.　We must go now.

B: I know, but I want to buy a drink first.　So go ahead. [　　　　]

A: OK. [北海道]

ア We went to the supermarket.　イ The movie finished fifteen minutes ago.

ウ I'll join you soon.　エ We're watching now.

(2) *Yuka:* We are members of the science club and we will have an event this Saturday, the day after tomorrow.　We made this telescope for the event.

Mike : [　　　　]

Yuka: Some elementary school students will visit our school.　The members of our club will do some activities with them. [大阪府]

（注）telescope：望遠鏡　elementary school student：小学生

ア Who told you to make it for the event?　イ When will you have the event?

ウ Why did you ask about the event?　エ What will you do in the event?

3

並べかえ

正しい英文になるように，[　　]内の語(句)を並べかえなさい。 (8点×3)

(1) I'll [the / in / free / afternoon / be] tomorrow. [石川県]

[　　　　　　　　　　　　　　　　　　　　]

ミス注意 (2) *A:* I've just arrived in Kyoto.　I want to see everything!

B: Oh, how [you / long / going to / stay / are] here?

A: For seven days. [沖縄県]

[　　　　　　　　　　　　　　　　　　　　]

時間：	30 分	配点：	100 点	目標：	80 点
解答：	別冊 p.6		得点：		点

(3) I [to / dinner / cook / going / am] tonight.

[　　　　　　　　　　　　　　　　　　　　]

4 対話文完成

次の対話文が成り立つように，[　　]に適する語句を書きなさい。 (8点)

Kyoko: Hi, David. [　　　　　　] next Sunday?

David: I'll go to the library in the morning. [長崎県]

[　　　　　　　　　　　　　　　　　　　　]

5 対話文完成

ミス注意 **次の対話文が成り立つように，① 〜 ③ に適する英文をア〜ウから選び，記号で答えなさい。** [北海道・改] (完答8点)

A: I have two tickets for a baseball game this Saturday. Do you want to come with me?

B: ①

A: ②

B: ③

ア It'll start at five. Shall we meet at the station at three?

イ Yes, but I have a club activity until two o'clock. What time will the game start?

ウ OK! I'll call you if I'm late.

①[　　] → ②[　　] → ③[　　]

6 英作文

それぞれの指示にしたがって，英文を書きなさい。 (11点×2)

(1) 次の状況において，あなたならどのように英語で表しますか。4 語以上の英文を書きなさい。

【状況】外国からの旅行者に，どこへ行こうとしているかをたずねる。 [三重県・改]

[　　　　　　　　　　　　　　　　　　　　]

(2) 絵を見て，次の問いに英語で答えなさい。 [沖縄県・改]

Look at the boy with a camera.

What is he going to do?

＜条件 1 ＞ He で始めること。

＜条件 2 ＞主語・動詞を含む 1 文で答えること。

[　　　　　　　　　　　　　　　　　　　　]

UNIT

疑問詞

必ず出る！ 要点整理

いろいろな疑問詞の用法

❶ wh で始まる疑問詞

(1) **what**…ものについて「何(を，が)」とたずねる。
What did you eat? — I ate pizza.(何を食べましたか。— ピザを食べました。)

(2) **who**…人について「だれ(が)」とたずねる。
Who's Ken? — He's my friend. (健とはだれですか。— 私の友達です。)

(3) **when**…「いつ」と時をたずねる。
When's your birthday? — May 2.(誕生日はいつですか。— 5月2日です。)

(4) **where**…「どこ(に，で，へ)」と場所をたずねる。
Where do you live? — In Nara. (どこに住んでいますか。— 奈良です。)

(5) **why**…「なぜ」と理由をたずねる。
Why do you like Nancy? — Because she's kind.
(あなたはなぜナンシーが好きなのですか。— 彼女が親切だからです。)

❷ how の用法

重要！
(1) **「どのように，どうやって」と手段・方法をたずねる。**
How did you go to the station? — I went by bus.
(駅にはどうやって行きましたか。— バスで行きました。)

(2) **「どんなふうで」と様子をたずねる。**
How's the weather? — It's sunny. (天気はどうですか。— 晴れです。)

〈疑問詞+名詞〉の用法

(1) **〈What +名詞〉**…「何の～，どんな～」とたずねる。
What sport(s) do you like? — I like basketball.
(どんなスポーツが好きですか。— バスケットボールが好きです。)

(2) **〈Whose +名詞〉 ➡ 「だれの～」と持ち主をたずねる。**
Whose key is this? — It's mine. (これはだれの鍵ですか。— 私のです。)

(3) **〈Which +名詞〉**…「どちらの～，どの～」とどちらなのかをたずねる。
Which pen is mine? — That one is yours.
(どちらのペンが私のですか。— そちらがあなたのものです。)

注意

who や what が主語の文

〈主語+ do[does, did].〉や There is[are] ～. で答えるパターンに注意しよう。

- **Who** made lunch?
  (だれが昼食を作りましたか。)
  — **My sister did.**
  (姉が作りました。)
- **What** is in the box?
  (箱に何が入っていますか。)
  — **There are** some eggs. (卵が何個か入っています。) (→ p.49)

参考

目的を答えるとき

Why ～? に〈to +動詞の原形〉を使って目的を答えることもある。(→ p.52)

注意

〈疑問詞+ is〉の短縮形

- what is → **what's**
- who is → **who's**
- when is → **when's**
- where is → **where's**
- how is → **how's**

くわしく！

whose や which の用法

whose や which は，あとに名詞がこない場合もある。

- **Whose** are these?
  (これらはだれのものですか。)
  — They're Jack's.
  (ジャックのものです。)
- **Which** do you like better, sushi or tempura?
  (すしとてんぷらではどちらのほうがお好きですか。)
  — I like sushi better.
  (私はすしのほうが好きです。) (→ p.65)

EXAMPLE

Whose bike is that? — It's Maki's.

あれはだれの自転車ですか。— 真紀のです。

〈How+形容詞［副詞］〉の用法

(1) **How old**…人の**年齢**やものの**古さ**をたずねる。

How old are you? — I'm fifteen.（何歳ですか。—15 歳です。）
└ years old が省略されている

(2) **〈How many ＋名詞の複数形 ～?〉 ➡ 数**をたずねる。

How many dogs do you have? — I have three.
（犬を何匹飼っていますか。—3 匹飼っています。）

(3) **How much**…**量・値段**をたずねる。

How much is it? — 20 dollars.（いくらですか。—20 ドルです。）

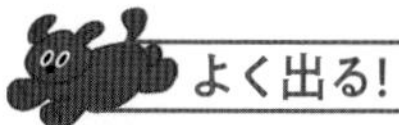

その他の〈How ＋形容詞［副詞］〉

- **How long** →期間・長さ
- **How tall** →身長・高さ
- **How far** →距離
- **How often** →頻度
- **How many times**→回数

よく使う〈What ＋名詞〉

(1) **What time**…**時刻**をたずねる。

What time is it? — It's ten twenty.（何時ですか。—10 時 20 分です。）

What time did you get up this morning? — I got up at six.
（今朝，何時に起きましたか。—6 時に起きました。）

(2) **What day**…**曜日**をたずねる。

What day is it today? — It's Friday.
（今日は何曜日ですか。— 金曜日です。）

参考

その他の〈What ＋名詞〉

- **What kind of** →種類
  What kind of music do you like?
  （どんな種類の音楽が好きですか。）
  — I like Japanese pop music.
  （私は日本のポピュラー音楽が好きです。）

Q. 基礎力チェック問題

解答はページ下

〔　〕内から適する語を選んで，［　］に入れよ。

(1) ［　　　］ is my cat? — Under the table.

(2) ［　　　］ is that? — It's a restaurant.

(3) ［　　　］ does Amy play tennis?
— She plays on Sundays.

(4) ［　　　］ do you come to school?
— I usually walk.

(5) ［　　　］ is that boy?
— He's Fred, a new student.

〔 what, who, when, where, how 〕

［　］内から適する語を選べ。

(6) ［What, Whose, Which］ book is this?
— It's mine.

(7) How ［old, many, much］ is this bag?
— It's 6,000 yen.

対話文の［　］に適する語を入れよ。

(8) ［　　　］ suitcase is yours?
— That black one is mine.

(9) ［　　　］［　　　］ birds can you see?
— I can see about ten birds.

(1) Where (2) What (3) When (4) How (5) Who (6) Whose (7) much (8) Which (9) How many

高校入試実戦力アップテスト

UNIT 8

疑問詞

1

適語選択

次の対話文の[　　]内から適する語を選び，記号を○で囲みなさい。 (5点×4)

(1) *Annie:* [ア What　イ When　ウ Where　エ Why] will you climb the mountain next?

Yuto : Maybe on August 11, my birthday. [愛知県・改]

よく出る！ (2) *A:* [ア Which　イ Where　ウ When　エ Whose] bag is this?

B: It's mine. [沖縄県]

(3) *A:* How [ア long　イ many　ウ old　エ often] is your brother?

B: He's seventeen.

ミス注意 (4) *A:* [ア What　イ When　ウ Who　エ How] do you think about his idea?

B: It's good.　I like it very much. [栃木県・改]

2

適語補充

次の対話文の[　　]に適する語を書きなさい。 (6点×4〈(1)は2問〉)

(1) *A:* How [　　　　] tickets do you want?

B: Two, please.

A: [　　　　] do you want to sit?

B: Near the door. [長崎県]

(2) *Emma:* [　　　　] cleans your school?

Miki : We clean our classrooms, the library, the nurse's office and other rooms. [栃木県]

ミス注意 (3) *A:* We will make handmade candles there.　You need some money for the materials, but it will be fun.

B: [　　　　] [　　　　] is it?

A: It's two hundred yen. [兵庫県]

(注) **handmade**：手作りの　**material**：材料

3

適文選択

次の対話文の[　　]に適する英文を選び，記号を○で囲みなさい。 (6点×2)

(1) *A:* Would you like to go to the zoo with me tomorrow?

B: Sure.　Where will we meet?

A: [　　　　] [北海道]

ア Nice to meet you.　イ I went there yesterday.

ウ I'm sorry you can't.　エ Let's meet at the station.

時間： 30 分	配点： 100 点	目標： 80 点
解答： 別冊 p.7	得点： 点	

(2) *Ben* : My host family has a nice thing to use on cold days.
Mami: [　　　　　]
Ben : It is a *kotatsu*. My host family and I use it every day. ［大阪府］

ア How cold is it?　イ What is it?
ウ Which season do you like?　エ Why do you like it?

4 並べかえ

正しい英文になるように，［　］内の語(句)を並べかえなさい。 (8点×2)

(1) *A:* [in / weather / how / the / is] Tokyo today?
B: It's rainy and cold. How about in Toyama?
A: Today it's cloudy but warm here. ［富山県］
[　　　　　　　　　　]

ミス注意 (2) *A:* May I help you?
B: I'm looking for a T-shirt. [color / is / popular / which] in this shop?
A: Blue is popular. ［岩手県］
[　　　　　　　　　　]

5 対話文完成

次の対話文が成り立つように，［　］に適する英文を 4 語以上で書きなさい。 ［和歌山県・改］(8点)

Ken : I went to Wakayama last week.
Emily: [　　　　　]
Ken : Because I wanted to see my grandmother in Wakayama.
[　　　　　　　　　　]

6 英作文

次のような場合，英語でどのように言えばよいですか。英文を書きなさい。 (10点×2)

(1) あなたの家にホームステイをしている留学生に，日本での学校生活はどうかとたずねる。(5 語以上) ［三重県］
[　　　　　　　　　　]

(2) 相手の放課後の予定をたずねる。(6 語以上) ［愛媛県・改］
[　　　　　　　　　　]

UNIT 9

助動詞①

必ず出る！要点整理

can の文

❶ 形と意味…〈can ＋動詞の原形〉➡「～(することが)できる」

Kumi can play the piano. (久美はピアノが弾けます。)
└主語が3人称単数でも動詞は原形

❷ 否定文の作り方…動詞(原形)の前に can't[cannot] をおく。

I can't wait anymore. (私はこれ以上待てません。)

❸ 疑問文の作り方…主語の前に can を出し，Can で文を始める。

Can you sing this song? (あなたはこの歌を歌えますか。)

— Yes, I can. (はい。) / No, I can't. (いいえ。)
└can を使って答える

❹ 過去形…can の過去形は could (～できた)。

must の文

❶ 形と意味…〈must ＋動詞の原形〉➡「～しなければならない」

Ami must go home now. (亜美はもう帰宅しなければなりません。)
└主語が3人称単数でも動詞は原形

❷ 否定文

(1) 形…動詞(原形)の前に **must not** か短縮形の **mustn't** をおく。

(2) 意味…「**～してはならない**」と**禁止**の意味を表す。

You mustn't drink that water. (その水を飲んではいけません。)

have to ～ の文

❶ have to ～ の用法…have to は must と似た意味を表す。

重要！ (1) 形と意味…〈**have to ＋動詞の原形**〉➡「**～しなければならない**」

(2) 主語が3人称単数…**has to** を用いる。

Ken has to study math. (健は数学を勉強しなければなりません。)

❷ 否定文

(1) 形…〈**don't[doesn't] have to ＋動詞の原形**〉

重要！ (2) 意味…「**～しなくてよい，～する必要はない**」と**不必要**を表す。
└must not (～してはならない) との意味のちがいに注意

You don't have to practice. (あなたは練習する必要はありません。)

注意

be able to ～

be able to ～も「～できる」という意味を表す。助動詞を並べて使うことはできないので，will のあとには be able to を使う。

・You **will be able to** swim soon. (あなたはすぐに泳げるようになるでしょう。)

くわしく！

must の疑問文

Must ～? の形で表す。

・**Must** I wash the dishes? (私は食器を洗わなければなりませんか。)
— Yes, you **must**. (はい，洗わなければなりません。)
— No, you **don't have to**. (いいえ，その必要はありません。)

注意

have to ～ の過去形

have to の過去形は **had to** で表す。must の過去形はないので，must の文を過去にするときも had to を用いる。

・I **had to** go home early. (私は早く家に帰らなければなりませんでした。)

くわしく！

have to ～ の疑問文

・**Do** I **have to** be here? (私はここにいなければなりませんか。)
— Yes, you **do**. (はい，そうです。)
— No, you **don't** (**have to**). (いいえ，その必要はありません。)

学習日

EXAMPLE

Oh, we must go now. — No, we don't have to go to school today.

あ，ぼくたち，もう行かなきゃ。— いや，今日は学校に行かなくていいんだよ。

should の文

❶ 形と意味…〈should ＋動詞の原形〉➡「～したほうがよい，～すべきだ」

You should study harder.（あなたはもっと熱心に勉強すべきです。）

❷ 否定文の作り方…動詞(原形)の前に **should not** か短縮形の **shouldn't** をおく。

We shouldn't use too much energy.

（私たちはエネルギーを使い過ぎるべきではありません。）

❸ 疑問文の作り方…Should で文を始める。

Should I stay home today?（今日は家にいたほうがいいですか。）

助動詞とほぼ同じ意味を表す表現

❶ must とほぼ同意…命令文（→ p.44）

You must study English.（あなたは英語を勉強しなければなりません。）

≒ Study English.（英語を勉強しなさい。）

❷ must not とほぼ同意…否定の命令文

You must not run here.（あなたはここで走ってはいけません。）

≒ Don't run here.（ここで走ってはいけません。）

参考

Should I ～?

Should I ～? は「(私が) ～しましょうか」と申し出るときに使うこともある。

・**Should I** open the door?
（ドアを開けましょうか。）

参考

had better

〈had better ＋動詞の原形〉も「～すべきだ」の意味を表す。ただし，You had better ～. は「そうしたほうが身のためだ」という警告的な意味を含む。

・You **had better** go to bed now.（あなたはもう寝るべきです。）

参考

have to ～と must

have to ～は主に，「自分の意志とは関係なく，そうしなければならないとき」に使い，must は話し手の意志が強いときに使う。

Q. 基礎力チェック問題

解答はページ下

[　] 内から適する語を選べ。

(1) Your sister can [drive, drives] a car.

(2) I used this room, so I [can, must] clean it.

(3) Nancy [have, has, must] to help them.

(4) This is delicious. You [should, have] try.

[　] に適する語を入れよ。

(5) Bill [　　　] play the guitar.
（ビルはギターが弾けません。）

(6) I [　　　] to run to the station.
（私は駅まで走らなければなりませんでした。）

[　] に適する日本語を入れよ。

(7) We must not swim today.
私たちは今日 [　　　　　　]。

(8) We don't have to swim today.
私たちは今日 [　　　　　　]。

対話文の [　] に適する語を入れよ。

(9) Can Mr. Hill write Japanese?
— Yes, [　　　] [　　　].

(10) [　　　] I have to go to the meeting today?
— Yes. You mustn't be late.

A. (1) drive (2) must (3) has (4) should (5) can't[cannot] (6) had (7) 泳いではいけません (8) 泳がなくてよい (9) he can (10) Do

高校入試実戦力アップテスト

UNIT 9

助動詞①

1

適語選択

次の英文や対話文の[　]内から適する語(句)を選び，記号を○で囲みなさい。 (5点×3)

(1) It's almost seven! I [ア may　イ must　ウ have　エ are] go home now.

(2) *A:* You look sleepy. How long did you sleep last night?
B: I [ア can　イ can't　ウ could　エ couldn't] sleep for a long time because I had many things to do. [宮崎県・改]

(3) We can [ア see　イ saw　ウ seen　エ seeing] them at Ueno Zoo in Japan, but in China, there are many pandas. [栃木県]

2

適文選択

次の対話文の[　]に適する英文を選び，記号を○で囲みなさい。 (6点×3)

(1) *Mike* : I feel very sick today.
Akiko: That's too bad. Maybe you have a cold. [　　　　]
Mike : Thank you, Akiko. I will. [岐阜県]
ア You should go home now.　イ I have a cold, too.
ウ We can have fun together.　エ You must not go to the hospital.

(2) *A:* Did you finish your homework?
B: No. I must use a computer to finish it, but my computer is broken.
A: That's too bad. [　　　　]
B: Thank you. [北海道]
ア You should know it.　イ You can use my computer at my house.
ウ You didn't buy a new book.　エ You'll know it after you go to school.

ミス注意 (3) *Sara:* Now I want to go to the school library. Will you come with me?
Rie : Sorry, Sara. [　　　　] We are going to clean our classroom. [群馬県]
ア We should go to the library.　イ We can't eat school lunch tomorrow.
ウ We should go to school every day.　エ We can't go there now.

3

適語補充

次の日本文に合うように，[　]に適する語を書きなさい。 (6点×2)

(1) あなたはこの機械を使うことができますか。
[　　　　] [　　　　] [　　　　] this machine?

(2) マイクは今日，そのレポートを終えなければなりませんでした。
Mike [　　　　] [　　　　] finish the report today.

時間： 30 分	配点： 100 点	目標： 80 点
解答： 別冊 p.8	得点： 点	

4 並べかえ

正しい英文になるように，[　　]内の語(句)を並べかえなさい。 (9点×3)

(1) *A:* Excuse me.

B: What's the matter?

A: You [not / drink / must] in this room.

B: Oh, I didn't know that. [岩手県]

[　　　　　　　　　　　　　　　　　　　　]

(2) *A:* How was today's exam?

B: It wasn't so difficult. [to / was / answer / I / able] almost all the questions.

[　　　　　　　　　　　　　　　　　　　　]

よく出る!

(3) *A:* Sam, students must clean the classroom by themselves in Japan.

B: Really? I didn't know that. [we / to / don't / clean / have] our classroom in America. [沖縄県]

[　　　　　　　　　　　　　　　　　　　　]

5 読　解

次の英文の[　　]に適するものを選び，記号を○で囲みなさい。 [愛知県] (8点)

Water is necessary for all living things on the Earth. Living things on the Earth [　　　　]. For example, we humans need to drink about 1.5 liters of water every day.

(注) liter：リットル（量を表す単位の一つ）

ア should not drink water for a while　　イ should make their houses in water

ウ cannot live without water　　エ can find water in many ways

6 和文英訳

次の日本文を英語にしなさい。 (10点×2)

(1) 私はそれらをどこに持っていけばよいですか。 [大分県]

[　　　　　　　　　　　　　　　　　　　　]

(アドバイス) ☞「持っていけばよい」は「持っていくべき」と考える。

(2) 私は家にいなければなりませんか。

[　　　　　　　　　　　　　　　　　　　　]

TEST

UNIT 10 助動詞②・命令文など

必ず出る！要点整理

依頼するときの表現

❶ 形と意味

(1) **Can you ～? ➡「～してくれますか」**
(2) **Could you ～? ➡「～していただけますか」**

❷ 応じ方…Sure. / OK. / All right. / No problem. / Of course. / I'm sorry (, but) I can't. など。
└「すみませんが，できません。」

Can you help me today?（今日，私を手伝ってくれませんか。）
— No problem.（かまいませんよ。）

許可を求めるときの表現

❶ 形と意味

Can[May] I ～? ➡「～してもいいですか」

❷ 応じ方…Sure. / OK. / All right. / No problem. / Of course. / I'm sorry, ～. など。
└ふつう断る理由を述べる

May I use your pen?（あなたのペンを使ってもいいですか。）
— Sorry, I'm using it right now.（すみません，今使っています。）

命令文

❶ 命令文…「～しなさい」と相手に指示するときや，「～してください」と相手に頼んだり，申し出たりするときに使う。

(1) 形…主語を省略して，**動詞の原形**で文を始める。
Look at this picture.（この写真を見なさい。）
(2) be動詞の命令文…be動詞の**原形 be** で文を始める。
Be careful, Billy.（気をつけなさい，ビリー。）

❷ 否定の命令文…**禁止**の意味を表す。

重要！

形と意味…〈**Don't ＋動詞の原形 ～.**〉➡「**～してはいけません**」
└Do not の短縮形。否定の命令文ではふつう短縮形を使う

Don't swim in this river.（この川で泳いではいけません。）

参考

依頼の Will you ～?

Will you ～? も依頼する言い方になる。
・**Will you** tell me about it?
（それについて私に教えてくれませんか。）

比較

Can I ～? と May I ～?

Can I ～? は友達どうしなどでよく使われ，目上の人に対しては May I ～? が使われる。

参考

推量を表す may

may には「～かもしれない」という意味もある。
・He **may** be a doctor.
（彼は医師かもしれません。）

please のある命令文

please を命令文の最初か最後につけると，「どうぞ(～してください)」と調子をやわらげることができる。文の最後のときは，please の前にコンマを入れる。
・**Please** stand up.
＝ Stand up, **please**.
（立ってください。）

参考

be動詞の命令文

・**Be** quiet.
（静かにしなさい。）
・**Be** careful.
（注意しなさい。）
・**Don't be** late.
（遅れてはいけません。）

学習日 /

EXAMPLE

Why don’t we go out for lunch? — Sounds good.

ランチに出かけませんか。— いいですね。

申し出るときの表現

❶ 形と意味

重要!

Shall I ～? ➡「(私が)～しましょうか」

❷ 応じ方…Yes, please. / Thank you. / No, thank you. など。

Shall I carry your bag?（かばんを運びましょうか。）

— Yes, please.（ええ，お願いします。）

誘う・提案するときの表現

❶ 形と意味

重要!

(1) **〈Let’s＋動詞の原形 ～.〉➡「～しましょう」**

(2) **Shall we ～? ➡「(いっしょに)～しましょうか」**

(3) **Why don’t we ～? ➡「(いっしょに)～しませんか」**

(4) **Why don’t you ～? ➡「～してはどうですか」**

❷ 応じ方…Yes, let’s. / No, let’s not. / OK. など。

└「はい，そうしましょう。」 └「いいえ，やめましょう。」

Shall we have lunch by the lake?（湖畔で昼食を食べましょうか。）

— That’s a good idea.（それはいい考えですね。）

Why don’t you come with us?（私たちといっしょに来ませんか。）

— I’d love to.（ぜひそうしたいです。）

注意

〈疑問詞＋ shall I［we］～?〉

Shall I［we］～? の前に疑問詞をつけた表現もよく出る。

・**What shall I do next?**（次に何をしましょうか。）

参考

その他の誘い・提案の表現

Would you like to ～? は「～するのはいかがですか」とていねいにたずねる言い方。また，How about ～?（～はどうですか）も提案の表現。

・**Would you like to come?**（来ませんか。）

・**How about going to the movies?**（映画に行くのはどうですか。）

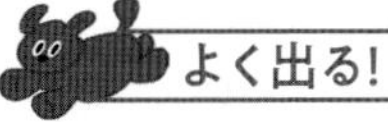

よく出る!

その他の誘い・提案への応じ方

・(That) sounds nice.（いいですね。）

・I’m sorry, but I can’t.（すみませんが，できません。）

Q. 基礎力チェック問題

解答はページ下

［　］内から適する語を選べ。

(1) ［ Do, Can ］you close the door? — OK.

(2) ［ Must, Shall ］I help you? — Oh, thanks.

(3) John, ［ use, uses ］this umbrella.

(4) ［ Don’t, Let’s ］run here. — Oh, sorry.

［　］に適する語を入れよ。

(5) ［　　　］quiet.
（静かにしなさい。）

(6) Could ［　　　］read this letter for me?
（私にこの手紙を読んでいただけませんか。）

［　］に適する日本語を入れよ。

(7) Please come here at ten.
10時にここへ［　　　　　　］。

(8) Let’s play this game.
このゲームを［　　　　　　］。

対話文の［　］に適する語を入れよ。

(9) Shall I go with you?
— No, ［　　　］you.

(10) ［　　　］［　　　］we visit her tomorrow?
— Good idea.

A. (1) Can (2) Shall (3) use (4) Don’t (5) Be (6) you (7) 来てください (8) しましょう (9) thank (10) Why don’t

高校入試実戦力アップテスト

UNIT 10

助動詞②・命令文など

1

適語選択

次の対話文の[　　]内から適する語(句)を選び，記号を○で囲みなさい。　(5点×3)

(1) *A:* I have so many bags to carry!

B: [ア Does　イ Have　ウ Shall　エ Did] I help you?　[沖縄県]

(2) *A:* Here is your tea.

B: Thank you.

A: [ア Aren't　イ Be　ウ Do　エ Don't] careful.　It is still hot.　[岩手県]

(3) *Mari:* Is there anything else that I should do?　Please tell me.

Yoko: [ア Why don't you　イ May I　ウ Shall we　エ How did you] read newspapers every day to know what's happening in the world?

Mari: OK.　I'll try.　[滋賀県]

2

適語補充

次の対話文の[　　]に適する語を書きなさい。　(5点×3)

(1) *A:* Shall [　　　　] go skiing this weekend?

B: Yes, let's.　[宮崎県]

(2) *A:* We'll go hiking tomorrow.　[　　　　] forget your lunch.

B: OK.

よく出る!
(3) *A:* Can you come with me?

B: Yes, of [　　　　].　[北海道・改]

3

適文選択

次の対話文の[　　]に適する英文を選び，記号を○で囲みなさい。　(7点×4)

(1) *Mother*　: We will meet Mika at the restaurant.　Are you ready?

Daughter: No, I'm not.　I can't decide what to wear.

Mother　: [　　　　]　We have to leave at eleven.　[福岡県]

ア Well, don't be late.　イ She won't come.

ウ I think so, too.　エ You're welcome.

(2) *A:* My mother made this apple pie yesterday.　Would you like some, Chris?

B: Thank you.　Oh, it's really good.　[　　　　]

A: Of course.　We have two more pies.　[北海道]

ア May I have another piece?　イ Will you help me?

ウ Who made it?　エ Where did you buy it?

時間：30分	配点：100点	目標：80点
解答：別冊 p.9	得点：　　点	

ミス注意
(3) *Mark's mother:* Oh, Mark left his tennis racket.
Mark's father : Really? I think he needs it for his club activity after school today.
Mark's mother: Yes. [　　　　　]
Mark's father : All right, I will do that. ［岐阜県］
ア Can you take it to him, please?　イ Could you send him to school?
ウ May I use it at school?　エ Can you bring it home, please?

(4) *Ms. Green:* Let's make cakes at the school festival.
Satoshi : [　　　　　] I will tell the other students in the cooking club about your idea. ［新潟県］
ア I don't know.　イ I'm sorry.　ウ That's too bad.　エ That sounds good.

4 並べかえ

正しい英文になるように，[　　]内の語(句)を並べかえなさい。 (10点×2)

(1) He said, "[to / kind / other / be] people. If you help them, they will help you some day." ［愛媛県］
[　　　　　　　　　　　　　　　　　　　　　　　　　　]

(2) *Yuta* : Do you have any plans for this weekend, Brian?
Brian: No, I don't.
Yuta : Then, [fishing / why / go / we / don't]?
Brian: Sounds good! Let's catch a lot of fish and make *sushi*. ［鳥取県］
[　　　　　　　　　　　　　　　　　　　　　　　　　　]

5 対話文完成

次の対話が成り立つように，[　　]に入る適切な英語を書きなさい。 (11点×2)

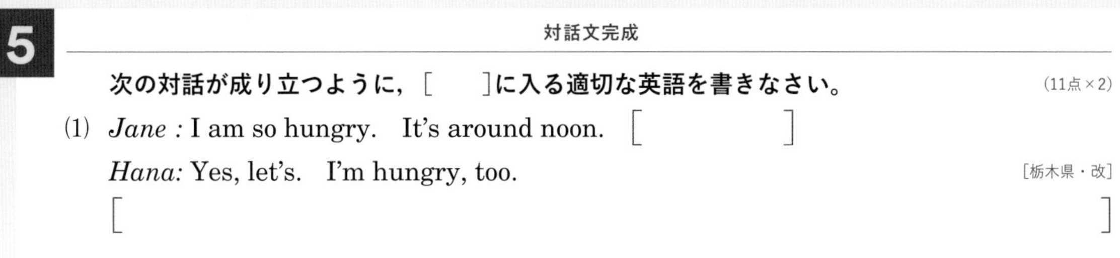

(1) *Jane* : I am so hungry. It's around noon. [　　　　　]
Hana: Yes, let's. I'm hungry, too. ［栃木県・改］
[　　　　　　　　　　　　　　　　　　　　　　　　　　]

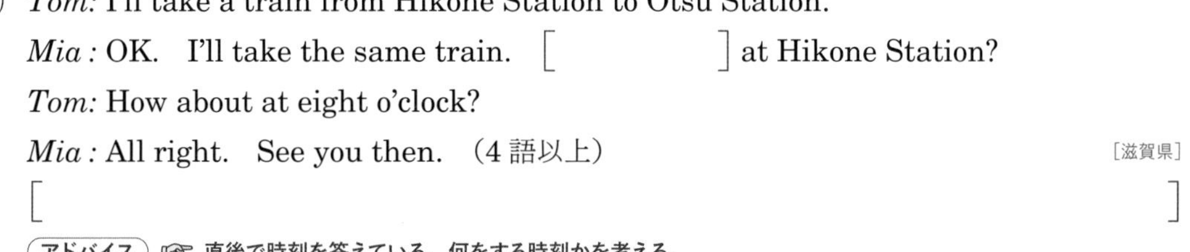

ハイレベル
(2) *Tom:* I'll take a train from Hikone Station to Otsu Station.
Mia : OK. I'll take the same train. [　　　　　] at Hikone Station?
Tom: How about at eight o'clock?
Mia : All right. See you then. (4語以上) ［滋賀県］
[　　　　　　　　　　　　　　　　　　　　　　　　　　]

アドバイス ☞ 直後で時刻を答えている。何をする時刻かを考える。

TEST

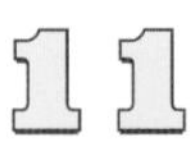

UNIT 11 いろいろな文

必ず出る！ 要点整理

look, become などの文

1 **look の使い方**…「見る」だけではなく，「**見える**」の意味も表す。

重要！ **〈look ＋形容詞〉➡「〜に見える」**

You look happy today.（あなたは今日うれしそうに見えます。）

2 **become の使い方…〈become ＋名詞［形容詞］〉➡「〜になる」**

Ann became a nurse.（アンは看護師になりました。）
became：become の過去形

give, show などの文

1 **give，show，tell の使い方**…「人」「物」の語順で目的語を2つとる。

重要！
(1) **〈give ＋人＋物〉➡「(人)に(物)を与える」**
(2) **〈show ＋人＋物〉➡「(人)に(物)を見せる」**

I'll give you（人） this book（物）.（あなたにこの本をあげましょう。）

I showed Aya（人） the picture（物）.（私は綾にその写真を見せました。）

(3) **〈tell ＋人＋物〉➡「(人)に(物)を話す［教える］」**

Tell me（人） the story（物）.（私にその話をしてください。）

2 **to を使った書きかえ**…give，show，tell などの文の2つの目的語は，前置詞 **to** を使って入れかえることができる。

I gave him（人） a CD（物）. ＝ I gave a CD（物） to him（人）.（私は彼に CD をあげました。）

call, make などの文

1 **call の使い方…〈call ＋(代)名詞＋呼び名〉➡「〜を…と呼ぶ」**

We call this dog（名詞） Pochi（呼び名）.（私たちはこの犬をポチと呼びます。）

2 **make の使い方**

重要！ **〈make ＋(代)名詞＋形容詞［名詞］〉➡「〜を…にする」**

This song makes me（代名詞） happy（形容詞）.（この歌は私を幸せにします。）

注意

「〜のように見える」

名詞をあとに続けて，「〜のように見える，〜に似ている」というときは，look like 〜 で表す。
・Jim **looks like** his father.
（ジムは父親に似ています。）

参考

その他の〈動詞＋形容詞〉

・**sound ＋形容詞** → 〜に聞こえる［〜だと思われる］
That **sounds good**.
（それはよさそうですね。）
・**get［turn］＋形容詞**
→ 〜になる
It's **getting dark**.
（暗くなってきました。）
・**feel ＋形容詞**
→ 〜に感じる
I **feel happy**.
（幸せな気分です。）

よく出る!

目的語を2つとる動詞

・**teach** → …に〜を教える
・**send** → …に〜を送る
・**buy** → …に〜を買ってやる
・**make** → …に〜を作ってやる
※ buy や make は，**for** を使って書きかえることができる。
I bought him a book.
＝I bought a book for him.
（私は彼に本を買ってあげた。）

参考

その他の〈動詞＋(代)名詞＋名詞［形容詞］〉

・**name ＋(代)名詞＋名前**
→ 〜を…と名付ける
・**keep ＋(代)名詞＋形容詞**
→ 〜を…の状態に保つ

EXAMPLE

I gave him chocolate. He looked happy.

私は彼にチョコレートをあげました。彼はうれしそうでした。

学習日　／

There is ～. の文

❶ There is ～. ➡「(…に)～がある，～がいる」
└短縮形は There's

重要！

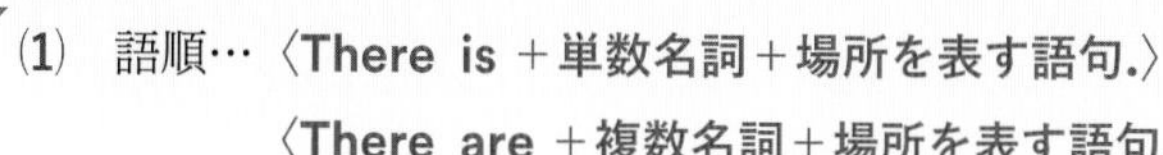

⑴ 語順…〈**There is ＋単数名詞＋場所を表す語句.**〉
〈**There are ＋複数名詞＋場所を表す語句.**〉

There is a book on the desk. (机の上に本があります。)
（a book：単数名詞）

There are two books on the desk. (机の上に本が2冊あります。)
（two books：複数名詞）

⑵ 否定文…**be 動詞のあとに not** をおくか，〈**no ＋名詞**〉を使う。

There are no balls in the box. (箱の中にボールはありません。)

⑶ 疑問文…**there の前に be 動詞**を出す。

Is there a hospital near here? (この近くに病院はありますか。)

— Yes, there is. (はい，あります。) / No, there isn't. (いいえ，ありません。)
└there を使って答える

❷ 注意するポイント…名詞の**単複**と場所を示す**前置詞**に注意。

・There is a computer on the table.
(テーブルの上にコンピューターがあります。)

・There are three cups by the computer.
(コンピューターのそばにカップが3つあります。)

・There is a bag under the table. (テーブルの下にかばんがあります。)

・There are two balls in the bag. (かばんの中にボールが2つあります。)

注意

There is ～. の文の主語

There is ～. / There are ～. の文では，be 動詞のあとに続く名詞が主語。主語が単数なら is を，複数なら are を使う。

注意

There is ～. の過去の文

be 動詞を過去形にして，There was ～. か There were ～. で表す。
・There was a dog under that tree an hour ago.
(1時間前にあの木の下に犬がいました。)

くわしく！

特定の物には使わない

There is[are] ～. は，my や the などがついた「特定の物」には使わない。
× There is my book on the desk.
○ My book is on the desk.
(私の本は机の上にあります。)

Q. 基礎力チェック問題

解答はページ下

[　] 内から適する語(句)を選べ。

⑴ You [see, look, watch] tired.

⑵ I'm going to give [a pen her, her a pen].

⑶ I'll [talk, speak, tell] him my plan.

⑷ We [call, say, talk] that boy Billy.

[　] に適する語を入れよ。

⑸ Mr. King [　　　] very famous.
(キングさんはとても有名になりました。)

⑹ The song [　　　] her popular.
(その歌は彼女を人気者にしました。)

ほぼ同じ内容の文にせよ。

⑺ I showed Meg my notebook.
I showed my notebook [　　　] Meg.

⑻ April has thirty days.
[　　　] are thirty days in April.

対話文の [　] に適する語を入れよ。

⑼ [　　　] [　　　] a bed in your room?
— Yes, there is.

⑽ Are there any shops here?
— No, [　　　] aren't. There are [　　　] shops.

A。 ⑴ look ⑵ her a pen ⑶ tell ⑷ call ⑸ became ⑹ made ⑺ to ⑻ There ⑼ Is there ⑽ there / no

高校入試実戦力アップテスト

UNIT 11

いろいろな文

1

適語選択

次の英文や対話文の［　　］内から適する語を選び，記号を○で囲みなさい。 (4点×6)

(1) Ayumi［ア saw　イ looked　ウ showed　エ watched］really happy when she finally won the game.

(2) *A:* There［ア be　イ am　ウ are　エ is］a lot of children in the park.　Why?
B: They have a summer festival today. ［沖縄県］

ミス注意 (3) Emily and Lisa will buy a nice sweater［ア for　イ to　ウ from　エ after］their mother.

(4) The ALTs working at high schools in Niigata［ア learned　イ bought　ウ taught　エ spoke］us English. ［新潟県］

(5) The shape of our ear looks［ア after　イ for　ウ like　エ back］the Arabic figure "3."
(注) Arabic figure：算用数字 ［愛知県］

ハイレベル (6) Early in the *Meiji* period, the construction of the canal was planned to［ア arrive　イ become　ウ make　エ share］Kyoto more prosperous. ［大阪府］
(注) the *Meiji* period：明治時代　construction：建設　canal：水路　prosperous：繁栄した

2

適文選択

次の対話文の［　　］に適する英文を選び，記号を○で囲みなさい。 (6点×3)

(1) *A:* Excuse me.　Where can I find a library near here?
B:［　　　　　］ You can go to the city library if you use a bus.
A: Thank you.　I'll go there by bus. ［北海道］

ア There are many parks around the city.　イ This isn't your book.
ウ This is mine.　エ There isn't one around here.

(2) *Shinji:* Do you like to watch movies, Matt?
Matt : Yes.　I often enjoy them.　But in my country, we don't call them movies.
Shinji: Oh, really?［　　　　　］
Matt : Films.　I want to study about making films in the future. ［山形県］

ア What movies do you watch in your country?
イ Do you watch movies in your country?
ウ What do you call them in your country?
エ Do you call them movies in your country?

時間：	30 分	配点：	100 点	目標：	80 点
解答：	別冊 p.10	得点：	点		

(3) *A:* I couldn't buy a ticket for the concert.
B: Don't worry. I got two, so [ ] Let's go together.
ア you look sad. イ I'll give you one.
ウ you made me happy. エ I'll tell you the place.

3 並べかえ

正しい英文になるように，[ ]内の語(句)を並べかえなさい。 (7点×6)

よく出る！ (1) My work experience [things / me / taught / important] that I will never forget.
(注) **work experience：職場体験** [滋賀県]
[ ]

(2) Chris sings very well. I think [famous / he'll / a / singer / become].
[ ]

よく出る！ (3) *A:* Who introduced this book to you?
B: Roy did. It [made / interested / me / in / recycling]. [千葉県]
[ ]

(4) *A:* [there / many / are / how / members] in the basketball team?
B: About twenty.
[ ]

ミス注意 (5) *A:* You have a nice watch!
B: [to / gave / me / it / my father] for my birthday.
A: That's good! [富山県]
[ ]

(6) *A:* Can you [after / the / me / book / send / mine] you finish reading it?
B: OK, please wait until next week.（1 語不要） [神奈川県]
[ ]

4 和文英訳

次のことを英語で伝えるとき，どのように表せばよいですか。英文を書きなさい。 (8点×2)

(1) 祖父の家には彼の犬の写真がたくさんあること。 [三重県]
[ ]

(2) 相手のノートを見せてほしいこと。
[ ]

TEST

12 〈to＋動詞の原形〉①・動名詞

必ず出る！ 要点整理

名詞的用法

1 意味と働き…**〈to＋動詞の原形〉**の形で，「**～すること**」という意味を表し，おもに一般動詞の目的語になる。

重要！

〈want to＋動詞の原形〉➡「～したい」

Ken wants to play baseball.（健は野球をしたがっています。）
└主語や時に関係なく動詞は原形

I want to be a music teacher.（私は音楽の教師になりたい。）
└be 動詞の原形

2 be 動詞のあとにくる用法…「…は～することです」の意味になる。

My dream is to live in Okinawa.（私の夢は沖縄に住むことです。）

副詞的用法

1 目的を表す用法…**〈to＋動詞の原形〉**は，「**～するために**」という意味で，動詞が示す動作の**目的**を表す。

I went to the park to take pictures.
└to take ～ が went … の目的を表す

（私は写真を撮るために公園へ行きました。）

2 原因を表す用法…**〈to＋動詞の原形〉**は，「**～して**」という意味で，前の形容詞が示す感情の**原因**を表す。

重要！

be happy[glad] to ～ ➡「～してうれしい」

I'm happy to hear that.（私はそれを聞いてうれしいです。）

形容詞的用法

1 意味と働き…**〈to＋動詞の原形〉**は，「**～するための，～すべき**」という意味で，**前の名詞を後ろから修飾**する。

I have some work to do today.（私は今日すべき仕事があります。）
└to do ～ が some work を修飾

2 代名詞を修飾する用法…名詞だけではなく，代名詞も修飾する。

〈something to＋動詞の原形〉➡「何か～するもの」
└「～するための何か」

I want something to eat.（私は何か食べるものがほしい。）

用語

不定詞

〈to＋動詞の原形〉の形のことを，「不定詞」または「to 不定詞」と呼ぶ。

よく出る！

〈動詞＋to ～〉

- **want to ～**（～したい）
- **start to ～**（～し始める）
- **begin to ～**（～し始める）
- **like to ～**（～するのが好きだ）
- **try to ～**（～しようと〈努力〉する）

注意

よく使われる形容詞

- **be happy[glad] to ～**（～してうれしい）
- **be surprised to ～**（～して驚く）
- **be sad to ～**（～して悲しい）

注意

Why ～? — To ～.

Why ～?に答える場合，〈to＋動詞の原形〉をよく用いる。

- **Why did you go there?**（なぜそこへ行ったのですか。）
  — **To see my friend.**（友達に会うためです。）

注意

形容詞が -thing を修飾する場合

-thing を形容詞が修飾するときは，**〈-thing＋形容詞＋to ～〉**の語順になる。

- **something cold to drink**（何か冷たい飲み物）

学習日 ／

EXAMPLE

I want to play games, but I have a lot of homework to do.

私はゲームをしたいですが，するべき宿題がたくさんあります。

動名詞（~ing）

❶ **意味**…動詞の **ing** 形は「**～すること**」という意味を表す。

❷ **動詞の目的語になる用法**

重要！

(1) **enjoy ～ing ➡ ～して楽しむ**

(2) **finish ～ing ➡ ～し終える**

(3) **stop ～ing ➡ ～するのをやめる**

I enjoyed watching TV.（私はテレビを見て楽しみました。）

❸ **その他の用法**…文の**主語**になったり，**前置詞のあと**にきたりする。

Taking pictures is fun.（写真を撮ることは楽しい。）
（Taking pictures：主語　└動名詞の主語は３人称単数扱い）

Thank you for helping me.（手伝ってくれてありがとう。）
（for：前置詞）

注意

その他の〈動詞 +～ing〉

- **like ～ing**（～するのが好きだ）
- **love ～ing**（～するのが大好きだ）
- **start［begin］～ing**（～し始める）

参考

be 動詞のあとにくる動名詞

- My job is **making** cars.（私の仕事は車を作ることです。）

参考

go ～ing

go ～ing は「～しに行く」という意味になる。

- **go shopping**（買い物に行く）
- **go fishing**（つりに行く）
- **go skiing**（スキーに行く）

動詞による目的語のちがい

目的語	動詞
〈to + 動詞の原形〉だけ	want, hope, need, decide など
動名詞だけ	enjoy, finish, stop, practice など
両方	like, start, begin, love など
どちらも目的語にするが意味が異なる	try to ～　～しようと(努力)する try ～ing　(試しに)～してみる remember to ～　忘れずに～する remember ～ing　～したことを覚えている

Q. 基礎力チェック問題

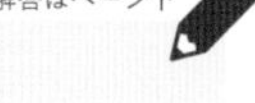

解答はページ下

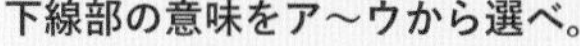

下線部の意味をア～ウから選べ。

(1) I came home to watch TV.　［　　］

(2) Yumi likes to watch TV.　［　　］

(3) We had no time to watch TV.　［　　］

ア 見ること　**イ** 見るために　**ウ** 見るための

［　］内から適する語(句)を選べ。

(4) Miki wants to［ go, goes ］to the sea.

(5) I got up early to［ make, made ］breakfast.

(6) I finished［ writing, to write ］the story.

(7) We need something［ eat, eating, to eat ］.

［　］内の語を必要なら適する形にかえよ。

(8) We enjoyed［ have ］dinner together.

(9) How about［ visit ］Kyoto?

(10)［ Cook ］is my hobby.

(11) We were sad to［ read ］the letter.

答えの文の［　］に適する語を入れよ。

(12) Why did your brother go to America?
—［　　　］study English.

(13) What's your dream?
— My dream is［　　　］be a doctor.

A. (1) イ (2) ア (3) ウ (4) go (5) make (6) writing (7) to eat (8) having (9) visiting (10) Cooking (11) read (12) To (13) to

高校入試実戦力アップテスト

UNIT 12

〈to＋動詞の原形〉①・動名詞

1

適語選択

次の英文や対話文の［　］内から適する語(句)を選び，記号を○で囲みなさい。 (5点×5)

(1) *A:* Emily, your speech was really good and interesting.

B: Thank you. I'm glad［ア hear　イ heard　ウ to hear　エ hearing］that.

(2) *A:* The Internet is useful, but you have used it too long today.

B: OK. I'll finish［ア use　イ using　ウ used　エ to use］it soon. ［岩手県］

(3) I sometimes go there［ア help　イ helps　ウ helped　エ to help］him. ［大阪府・改］

ミス注意 (4) I decided［ア to talk　イ talking　ウ talk　エ talks］about my friend living in Germany. ［栃木県］

よく出る！ (5) *A:* I couldn't sleep for a long time because I had many things to do.

B: Are you all right? How about［ア go　イ goes　ウ went　エ going］to bed early today?

A: OK, I will. Thank you. ［宮崎県・改］

2

対話文完成

次の対話文が成り立つように，① ～ ③ に適する英文をア～ウから選び，記号で答えなさい。 ［北海道・改］(完答8点)

A: What did you do last weekend?

B: ①

A: ②

B: ③

ア I went shopping to buy a new book on Saturday. How about you?

イ Oh, I went to the library on Sunday, too. I wanted to go with you.

ウ I went to the city library to do my homework on Saturday afternoon.

①［　　］→②［　　］→③［　　］

3

並べかえ

正しい英文になるように，［　］内の語を並べかえなさい。 (10点×4)

(1) *A:* How do you practice English?

B: I usually［to / to / talk / try］foreigners. ［宮崎県］

［　　　　　　　　　　　　　　　　　　　　］

時間：	30 分	配点：	100 点	目標：	80 点
解答：	別冊 p.11	得点：	点		

よく出る！ (2) Welcome! [places / to / are / visit / many / there] in Tottori. Mt. Daisen is one of them. It is very beautiful. ［鳥取県］

[ ]

ミス注意 (3) *A:* How many dogs do you have?

B: Three. [them / care / easy / of / isn't / taking], but I enjoy living with them.

［富山県］

[ ]

(4) *Paul :* Jack will come to Japan next month. He studies about Japan and is going to visit Tokyo and Kyoto.

Mika: Oh, really? I [am / of / very / know / to / happy] that your brother is interested in Japan. (1 語不要) ［神奈川県］

[ ]

4 読 解

次の対話文を読んで，[　　]に適する英文を選び，記号を○で囲みなさい。 ［新潟県］(7点)

Ben : Do you like playing the violin?

Yuka: Yes. But last year I didn't feel like playing the violin for one week.

Ben : What happened?

Yuka: Last spring I took part in a contest. I wanted to get a prize. So, I tried to play difficult music. I practiced hard. But I couldn't play it well, and I didn't get any prizes. After that, [　　　　].

ア I didn't want to play the violin

イ I didn't think playing the violin was difficult

ウ I decided to practice the violin hard

エ I enjoyed playing the violin with my grandfather

5 英作文

次のような場合，英語でどのように言えばよいですか。英文を書きなさい。 (10点×2)

(1) 英語を勉強するためにロンドン（London）に来たということを伝えるとき。(4 語以上)

［三重県・改］

[ ]

(2)「将来，どのような仕事に就きたいですか。」という質問に答えるとき。(6 語以上) ［愛媛県・改］

[ ]

TEST

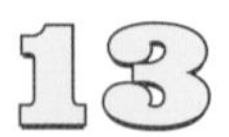

UNIT 13 〈to＋動詞の原形〉②

必ず出る！ 要点整理

〈疑問詞＋ to ～〉

▶ 形と意味…疑問詞のあとに〈to ＋動詞の原形〉が続き，ひとまとまりで名詞の働きをする。動詞 know などの目的語になる。

重要！ (1) 〈how to ＋動詞の原形〉➡「～のしかた」

Do you know how to cook this fish?
（あなたはこの魚の料理のしかたを知っていますか。）

(2) その他の疑問詞…what, when, where なども使われる。

I don't know what to do.（私は何をすればよいかわかりません。）

I asked where to buy tickets.（私はどこで切符を買えばよいかたずねました。）

〈動詞＋人＋ to ～〉

▶ 形と意味…want, ask, tell はあとに〈人＋ to ～〉が続いて，次のような意味になる。

重要！ (1) 〈want ＋人＋ to ＋動詞の原形〉➡「(人)に～してほしい」

(2) 〈ask ＋人＋ to ＋動詞の原形〉➡「(人)に～するように頼む」

(3) 〈tell ＋人＋ to ＋動詞の原形〉➡「(人)に～するように言う」

I want you to help me.（私はあなたに手伝ってほしい。）

Ask your father to drive.（お父さんに運転してくれるように頼みなさい。）

I told him to come here.（私は彼にここに来るように言いました。）
└tell の過去形

〈動詞＋人＋動詞の原形〉

▶ 形と意味…help, let はあとに〈人＋動詞の原形〉が続いて，次のような意味になる。

重要！ (1) 〈help ＋人＋動詞の原形〉➡「(人)が～するのを手伝う」

(2) 〈let ＋人＋動詞の原形〉➡「(人)に～させる［させてやる］」

I helped Jim make a cake.（私はジムがケーキを作るのを手伝いました。）
└動詞の原形

Let me introduce myself.（私に自己紹介をさせてください。）
└動詞の原形

参考

〈疑問詞＋ to ～〉

- how to ～（～のしかた）
- what to ～
（何を～したらよいか）
- when to ～
（いつ～したらよいか）
- where to ～
（どこで［へ］～したらよいか）

くわしく！

直接目的語になる〈疑問詞＋ to ～〉

teach, tell, show などの動詞は「人」「物」の順で目的語を２つとることができるが，このとき「物」にあたる直接目的語に〈疑問詞＋ to ～〉がくることもある。

- I taught her how to ski.
（私は彼女にスキーのしかたを教えました。）

比較

want to ～と〈want ＋人＋ to ～〉

- I want to sing.
（私は歌いたい。）
- I want her to sing.
（私は彼女に歌ってほしい。）

注意

〈make ＋人＋動詞の原形〉

〈make ＋人＋動詞の原形〉で「(人)に～させる」という意味。

- My mother made me clean my room.
（母は私に部屋を掃除させました。）

EXAMPLE

学習日 /

I want you to cook lunch. — I don't know how to cook.

私はあなたに昼食を料理してもらいたいです。— 私は料理のしかたがわかりません。

It ... (for —) to ~.

❶ **形と意味**…「～することは…だ」というときは，形式的な主語 **It** を使って，**It is ... to ～.** で表す。

It is good to get up early.（早起きすることはよい。）
（to get up：動詞の原形がくる／It：it は to ～の内容を受ける）

重要！

❷ **to ～の動作をする人を表すとき**…〈**for** ＋人〉を to ～の前におく。

〈It is ... for ＋人＋ to ～.〉➡「(人)にとって～するのは…だ」

It was easy for me to climb the tree.（その木に登ることは私には簡単でした。）

too ... to ～

重要！

❶ **形と意味**

〈too ＋形容詞[副詞]＋ to ＋動詞の原形〉
➡「～するには(あまりにも)…すぎる」「…すぎて～できない」

This tea is too hot to drink.（このお茶は飲むには熱すぎます。）

❷ **同意表現**… too ... to ～ の文の内容は，so ... that — can't ～（とても…なので — は～できない）の文で表すこともできる。

I'm too tired to walk.（私は歩くにはあまりにも疲れすぎています。）

= I'm so tired that I can't walk.（私はとても疲れているので歩けません。）

同意表現

It ... (for —) to ～. の文の内容は，動名詞を主語にした文でも表すことができる。

・It's difficult for Mike to swim in the river.
= Swimming in the river is difficult for Mike.
（その川で泳ぐのはマイクには難しい。）

注意

enough to ～

〈形容詞[副詞]＋ enough to ～〉で「十分…なので～できる，～するのに十分…」。

・He's rich enough to buy the car.（彼はその車を買えるほど十分に裕福だ。）

Q. 基礎力チェック問題

解答はページ下

[　] に適する語を入れよ。

(1) I didn't know [　　] [　　] say.
（私は何を言えばよいかわかりませんでした。）

(2) Let's [　　] him [　　] help us.
（彼に手伝ってもらうように頼みましょう。）

(3) [　　] is very important [　　] study English.
（英語を勉強することはとても大切です。）

(4) Tom is [　　] hungry [　　] work.
（トムは空腹すぎて働けません。）

[　] 内の語を並べかえよ。

(5) We want [join, you, to] us.

(6) It's interesting [to, us, for] play chess.

(7) I asked [to, her, how] get to the station.

(8) Can you [carry, help, me] these boxes?

ほぼ同じ内容の文にせよ。

(9) Reading books is good for you.
[　　] good for you [　　] read books.

(10) It's too cold for us to go out.
It's [　　] cold [　　] we can't go out.

A. (1) what to (2) ask, to (3) It, to (4) too, to (5) you to join (6) for us to (7) her how to (8) help me carry (9) It's, to (10) so, that

高校入試実戦力アップテスト

UNIT 13 〈to＋動詞の原形〉②

1

適語選択

次の英文や対話文の[　　]内から適する語(句)を選び，記号を○で囲みなさい。 (4点×5)

(1) Ken asked me [ア call　イ called　ウ will call　エ to call] him later.

(2) Mr. Suzuki [ア told　イ said　イ spoke　エ talked] us to bring lunch this week. [神奈川県]

(3) *A:* We are going to have a meeting in the cafeteria tomorrow. Please tell me [ア what　イ where　ウ when　エ which] to start.

B: We should start the meeting at 3 p.m. [兵庫県]

(4) My sister is [ア enough　イ such　ウ well　エ too] young to drive a car. [栃木県]

ミス注意 (5) Ms. Brown didn't let us [ア use　イ used　ウ to use　エ using] a dictionary.

2

適語補充

次の日本文に合うように，[　　]に適する語を書きなさい。 (6点×2)

(1) 星を見ることは私にはおもしろかったです。

[　　　] was interesting [　　　] me [　　　] look at the stars.

(2) その男性が，私たちに人形のあやつり方を教えてくれました。 [大阪府]

The man [　　　] [　　　] [　　　] [　　　] operate the puppet.

(注) operate：あやつる　puppet：人形

3

適文選択

次の対話文の[　　]に適する英文を選び，記号を○で囲みなさい。 [岩手県] (6点)

Daisuke: My best memory is our school chorus contest.

Paul　: Why?

Daisuke: Because we practiced hard as a group and we became good friends. But it wasn't easy. At first, some of our classmates didn't come to the practice. [　　　].

Paul　: I remember. I had the same feeling. Other members wanted to say something to make the situation better, but they didn't say anything.

(注) chorus contest：合唱コンテスト　practice：練習

ア I didn't know what to do

イ I didn't learn how to sing

ウ I was too busy to come to the practice

エ I was happy to be a member of the group

時間： 30 分	配点： 100 点	目標： 80 点
解答： 別冊 p.12	得点： 点	

解答：別冊 p.12

4 並べかえ

正しい英文になるように，[ ]内の語(句)を並べかえなさい。 (7点×6)

(1) *A:* What's your plan for tomorrow?
B: My sister [to / go / me / shopping / asked] with her.
A: That sounds fun! [沖縄県・改]
[ ]

よく出る！ (2) It's [to / for / important / us] get enough sleep. [山口県]
[ ]

(3) *A:* Can you help me with my homework?
B: Sure.
A: The last question is [can't / so difficult / I / that] answer it. [岩手県]
[ ]

(4) *A:* Have you ever been to the museum?
B: No. Will you [get / how / me / tell / to] there? [宮崎県]
[ ]

(5) *A:* Lisa, please [write / me / a letter / help] in English.
B: All right.
[ ]

(6) *A:* Will you carry this desk to the next room with me?
B: OK, but it [big / to / may / too / go / be] through the door. [兵庫県]
[ ]

5 和文英訳

次の日本文を英語にしなさい。 (10点×2)

(1) 私はたくさんの人々に日本を訪れてもらいたい。
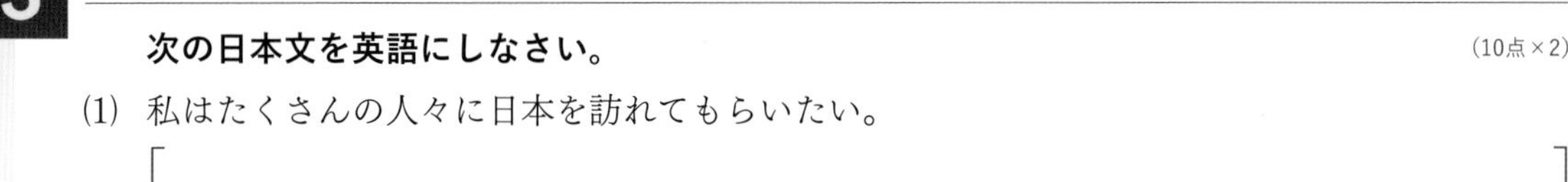
[ ]

(2) 私たちがロボットについて考えることは大切です。(6 語以上) [和歌山県]
[ ]

UNIT 14 前置詞・接続詞

必ず出る！要点整理

前置詞 at, on, in

▶ **at, on, in の用法**…おもに時や場所を示し，あとにくる名詞の種類などによって使い分ける。

	時	場所
at	時刻，時の一点など at noon（正午に）	比較的せまい場所 at school（学校で）
on	曜日，日付など on Sunday（日曜日に）	接触していることを表す on the desk（机の上に）
in	月，季節，年など in summer（夏に）	比較的広い場所 in Japan（日本で）

接続詞 and, but, or

▶ **and, but, or の働き**…語(句)と語(句)，文と文を対等の関係で結ぶ。

(1) **A and B ➡ 「A と B」「A そして B」**

I play soccer and tennis.（私はサッカーとテニスをします。）

(2) **A but B ➡ 「A だが B」「A しかし B」**

I like dogs, but he doesn't.（私は犬が好きですが，彼は好きではありません。）

(3) **A or B ➡ 「A または B」「A それとも B」**

Is that a dog or a cat?（あれは犬ですか，それともネコですか。）

接続詞 that

▶ **that の用法**…〈that＋主語＋動詞 …〉で「～ということ」などの意味を表し，動詞や形容詞のあとに続ける。この that はよく**省略**される。

重要！

(1) **think that ～ ➡ 「～だと思う」**

(2) **be glad[happy] that ～ ➡ 「～してうれしい」**

(3) **〈tell＋人＋that ～〉➡ 「(人)に～ということを伝える[言う]」**

I think he's right.（私は彼が正しいと思います。）
└ that が省略されている

I'm glad you like it.（あなたがそれを気に入ってうれしいです。）

She told me that it was raining.
（彼女は私に雨が降っていると教えてくれました。）

よく出る！

さまざまな前置詞

〈時〉
- before（～の前に）
- after（～のあとに）
- for（～の間）
- during（～の間〈中〉）
- until（～まで〈ずっと〉）
- by（～までに）

〈場所〉
- by（～のそばに）
- near（～の近くに）
- under（～の下に）
- between（～の間に）

〈その他〉
- without（～なしで）
- as（～として）
- like（～のような）

比較

接続詞 so

so は「だから」の意味を表す。
- It was cold, so I stayed home.（寒かったので，私は家にいました。）

よく出る！

〈that＋主語＋動詞 …〉を続ける動詞・形容詞

〈動詞〉
- know that ～（～ということを知っている）
- hope that ～（～だといいなと思う）
- hear that ～（～だと聞いている）

〈形容詞〉
- be sure that ～（きっと～だと思う）
- be sorry that ～（～してすみません[残念だ]）

〈動詞＋人＋that ～〉
- show＋人＋that ～（〈人〉に～ということを示す）
- teach＋人＋that ～（〈人〉に～ということを教える）

学習日 ／

EXAMPLE

I think Lisa will pass the exam because she studied hard.

リサは熱心に勉強したので，彼女は試験に受かると私は思います。

接続詞 when, if, because

1 **when の用法**…「～のとき」の意味で，〈**when** ＋**主語**＋**動詞** …〉をもう１つの文に結びつける。

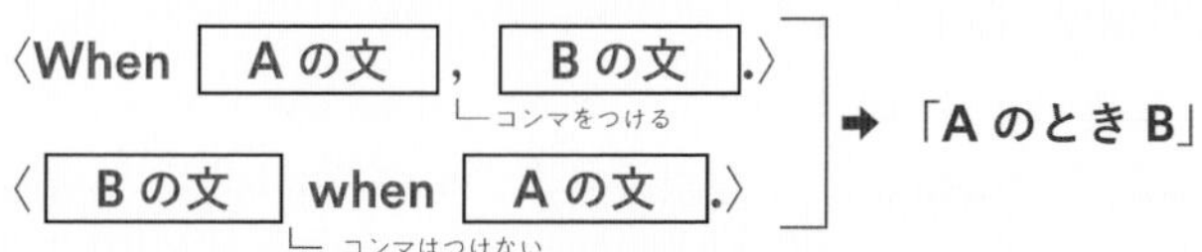

When I got up, it was raining. = It was raining when I got up.
（私が起きたとき，雨が降っていました。）

2 **if の用法**…「もし～ならば」と**条件**を表す。

If you're busy, I'll help you. = I'll help you if you're busy.
（もしあなたが忙しいのなら，手伝ってあげましょう。）

3 **because の用法**…「(なぜなら)～だから，～なので」と**理由**を表す。

I like winter **because** I can go skiing.（スキーをしに行けるので私は冬が好きです。）
〈because ＋主語＋動詞 …〉は文の後半におくことが多い

接続詞のあとの動詞の形

▶ **if ～，when ～ の動詞の形**…未来の内容でも現在形を使う。

I'm going to swim tomorrow **if** it **is** sunny.（明日晴れたら，泳ぐつもりです。）
（I'm going to：未来　is：現在形）

I'll call you **when** I **get** to the station.（駅に着いたら，電話します。）
（I'll：未来　get：現在形）

注意

その他の接続詞

- **before**　（～する前に）
- **after**　（～したあとに）
- **until**　（～するまで〈ずっと〉）
- **since**　（～して以来）
- **while**　（～する間）

注意

Why ～? に理由を答える Because ～.

- Why do you like tigers?
— Because they're cool.
（なぜトラが好きなのですか？
— かっこいいからです。）

参考

仮定を表す if

if は「もし～だったら」という現在の事実に反する仮定の意味も表す。（→ p.84）

- If I had enough money, I could buy that bike.
（もし私が十分なお金を持っていたら，あの自転車を買えるのですが。）

Q. 基礎力チェック問題

解答はページ下

[　]内から適する語を選べ。

(1) It rains a lot [at, on, in] June.
(2) I'll watch TV [at, on, in] home.
(3) The bird can't fly, [and, but, or] it can run very fast.
(4) My mother was cooking dinner [when, if, because] I got home.
(5) I got up [for, before, until] six.
(6) I think [that, if, when] this book is very interesting.

ほぼ同じ内容の文にせよ。

(7) I didn't go to school because I was sick.
I was sick, [　　　] I didn't go to school.
(8) I studied English after dinner.
I had dinner [　　　] I studied English.

対話文の[　]に適する語を入れよ。

(9) Can you help me [　　　] you're free now?
— I'm sorry, but I'm a little busy.
(10) Why were you late?
— [　　　] the bus didn't come on time.

A. (1) in (2) at (3) but (4) when (5) before (6) that (7) so (8) before (9) if (10) Because

高校入試実戦力アップテスト

UNIT 14 前置詞・接続詞

1

適語選択

次の英文や対話文の[　　]内から適する語を選び，記号を○で囲みなさい。 (4点×5)

(1) Molly came home and was very hungry, [ア since　イ or　ウ but　エ if] dinner was not ready. [鳥取県]

(2) *A:* What time will the next bus come here?
B: [ア On　イ In　ウ To　エ At] 3:15. [沖縄県]

ミス注意
(3) The city is visited by many people [ア when　イ which　ウ between　エ during] a famous festival in February. [神奈川県]

(4) I can speak Japanese [ア because　イ if　ウ so　エ when] my mother taught it to me. [栃木県]

(5) *Miso* is often used [ア as　イ at　ウ of　エ until] a seasoning. [大阪府]

(注) **seasoning：調味料**

2

適語補充

次の英文や対話文の[　　]に適する語を書きなさい。 (5点×4)

(1) *Takeshi:* How can I get to the movie theater?
Steve　: The easy way is to take the train.
Takeshi: Could you say that again?
Steve　: Well, you can go there [　　　　] train easily. [岡山県]

(2) *A:* Would you like some milk in your tea?
B: No, thank you.　I always have tea [　　　　] milk. [山形県]

(3) Emma told me [　　　　] Mr. Brown was in the gym.

(4) In the future, I want to work in a library [　　　　] her.
(将来は私も彼女のように図書館で働いてみたい。) [長崎県]

3

適文選択

次の英文や対話文の[　　]に適する英文を選び，記号を○で囲みなさい。 (6点×2)

(1) Milking the cows looked easy while he was doing it.　However, [　　　　]. [京都府・改]

(注) **milk the cows：牛の乳をしぼる**

ア　I didn't like doing it because it was too easy for me
イ　I really wanted to do it alone after he did it
ウ　it was really difficult for me when I did it
エ　it was easy for me because he showed me how to do it

時間：	30分	配点：	100点	目標：	80点
解答：	別冊 p.13	得点：	点		

(2) *Son*　: The sky is getting darker now. [　　　　　　]
Mother: OK.　Shall we go to the station with it when he comes back?　［山形県］
　ア　Father bought a new umbrella yesterday and took it with him today.
　イ　Father will not use an umbrella because he went to work by car today.
　ウ　Father always brings his umbrella when he comes home from work.
　エ　Father doesn't have an umbrella with him because he left it at home.

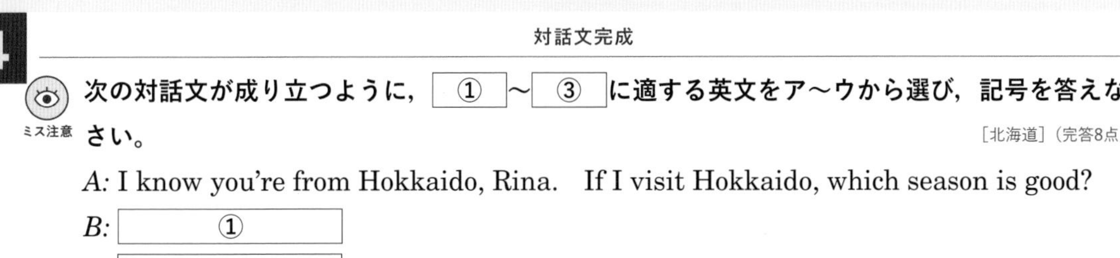

4　対話文完成

ミス注意　**次の対話文が成り立つように，［①］〜［③］に適する英文をア〜ウから選び，記号を答えなさい。**　［北海道］（完答8点）

A: I know you're from Hokkaido, Rina.　If I visit Hokkaido, which season is good?
B: ［　　①　　］
A: ［　　②　　］
B: ［　　③　　］
　ア　I see, but I don't like the cold weather.　I like to see flowers.　How about spring?
　イ　I think every season is good.　If you want to ski, winter is good.
　ウ　Spring is good, but it's sometimes cold.　I think summer is the best for you.

①[　　]→②[　　]→③[　　]

5　並べかえ

正しい英文になるように，[　　]内の語を並べかえなさい。　（10点×4）

よく出る！ (1) [think / you / will / it / do] rain next weekend?　［栃木県］
[　　　　　　　　　　　　　　　　　　　　　　　　]

(2) *A:* I'm worried about my new school life.
B : Don't worry.　We [when / other / can / each / help] we have trouble.　［千葉県］
[　　　　　　　　　　　　　　　　　　　　　　　　]

(3) I'm [part / glad / take / about / you'll] in the contest.（1 語不要）　［福岡県］
[　　　　　　　　　　　　　　　　　　　　　　　　]

ミス注意 (4) I'll [that / can't / tell / go / I / her] to the party.
[　　　　　　　　　　　　　　　　　　　　　　　　]

アドバイス　☞ **tell のあとには「人」がくることに注意。**

TEST

UNIT 15 比　較

必ず出る！要点整理

比較級と最上級

❶ **比較級**…2つを比べて「**AはBよりも～だ**」というときに使う。ふつう，形容詞や副詞の原級（もとの形）の最後に **er** をつけた形。

〈**比較級＋ than ...**〉➡「**…よりも～**」

I'm older than Mike.（私はマイクよりも年上です。）

❷ **最上級**…3つ以上を比べて「**いちばん～だ**」というときに使う。ふつう，形容詞や副詞の原級の最後に **est** をつけた形。

〈**the ＋最上級＋ of［in］...**〉➡「**…の中でいちばん～**」

Tom is the tallest of the five.（トムは5人の中でいちばん背が高い。）

❸ **比較変化**

(1)　er，est のつけ方…原級の語尾によって，次の4通りがある。

原級の語尾	つけ方	例（原級―比較級―最上級）
ふつうの場合	**er**，**est** をつける	new ― newer ― newest
e で終わる	**r**，**st** だけをつける	large ― larger ― largest
〈子音字＋ **y**〉	y → **ier**，**iest**	easy ― easier ― easiest
〈短母音＋子音字〉	子音字を重ねて **er**，**est**	big ― bigger ― biggest

(2)　比較的つづりの長い語…比較級は前に **more** をおき，最上級は **most** をおく。例 beautiful ― **more** beautiful ― **most** beautiful

This flower is the most beautiful of all.

（この花がすべての中でいちばん美しい。）

as ～ as ... の文

❶ **使い方**…2つを比べて，「**AはBと同じくらい～だ**」というときに使う。as と as の間には，形容詞や副詞の**原級**がくる。

〈**as ＋原級＋ as ...**〉➡「**…と同じくらい～**」

You're as tall as Yumi.（あなたは由美と同じくらいの身長です。）

❷ **as ～ as ... の否定文**…「**…ほど～ではない**」という意味になる。

I can't run as fast as Jim.（私はジムほど速く走れません。）

注意

最上級の文の of と in の使い分け

〈of ＋複数を表す語句〉
- **of** the three（3つの中で）
- **of** all（すべての中で）
- **of** them（彼らの中で）

〈in ＋場所や範囲を表す語句〉
- **in** Japan（日本の中で）
- **in** the class（クラスの中で）
- **in** my family（家族の中で）

more，most をつける語

- interesting（おもしろい）
- difficult（難しい）
- important（重要な）
- famous（有名な）
- popular（人気のある）
- exciting（わくわくさせる）
- useful（役に立つ）
- slowly（ゆっくりと）

注意

不規則に変化する語

good（よい），well（上手に）
― **better** ― **best**
many，much（多くの）
― **more** ― **most**

注意

疑問詞を使う比較の文①

「どちら，どれ」とたずねるときには which，「何」とたずねるときには what を使う。

- **Which is larger**, China or Brazil?
（中国とブラジルでは，どちらのほうが大きいですか。）
- **What's the most important** thing to you?
（あなたにとっていちばん大切なものは何ですか。）

学習日 ／

EXAMPLE

Mike is the tallest of all the members, but he can't run as fast as Jim.

マイクはメンバー全員の中でいちばん背が高いですが，ジムほど速く走れません。

like ～ better, like ～ the best の文

❶ like ～ better…2つを比べて，どちらがより好きかを表す。

重要！

like ～ better than ... ➡「…よりも～のほうが好きだ」

I like this picture better than that one.

（私はあの写真よりもこの写真のほうが好きです。）

❷ like ～ the best…3つ以上の中でいちばん好きなものを表す。

重要！

like ～ (the) best of[in] ... ➡「…の中で～がいちばん好きだ」

Emi likes basketball the best of all sports.

（絵美はすべてのスポーツの中でバスケットボールがいちばん好きです。）

注意

疑問詞を使う比較の文②

- Which do you like better, summer or winter?
  （夏と冬では，どちらのほうが好きですか。）
- What color do you like the best?
  （あなたは何色がいちばん好きですか。）

※人を比べて「だれ」とたずねるときは，who を使う。

参考

比較級の強調

比較級を強調して「ずっと～」と表すときは，much を使う。

- Tom is much taller than Ken.
  （トムは健よりずっと背が高い。）

注意すべき比較の文

(1) **〈比較級＋ than any other ＋単数名詞〉➡「ほかのどの…よりも～」**

Mt. Fuji is higher than any other mountain in Japan.

（富士山は日本のほかのどの山よりも高い。）

(2) **〈one of the ＋最上級＋複数名詞〉➡「最も～な…の１つ」**

He is one of the most famous writers in the world.

（彼は世界で最も有名な作家の１人です。）

Q. 基礎力チェック問題

解答はページ下

次の語の比較級と最上級を書け。

(1) nice [ ] [ ]

(2) hot [ ] [ ]

(3) busy [ ] [ ]

[ ] 内の語を適する形にかえよ。

(4) Who is [tall], you or your sister?

(5) February is the [short] month.

(6) My mother usually gets up the [early] in my family.

(7) Your idea is [good] than ours.

[ ] 内から適する語を選べ。

(8) I'm as [old, older, oldest] as Takeshi.

(9) Baseball is [more, most, better] popular than tennis in Japan.

(10) Meg swims the fastest [of, in] the four.

(11) I think soccer is the [more, most, best] exciting sport.

(12) Which do you like [better, best], dogs or cats?

(13) I like this movie the [better, best] of all.

A. (1) nicer, nicest (2) hotter, hottest (3) busier, busiest (4) taller (5) shortest (6) earliest (7) better (8) old (9) more (10) of (11) most (12) better (13) best

高校入試実戦力アップテスト

UNIT 15

比　較

1

適語選択

次の英文の[　　]内から適する語(句)を選び，記号を○で囲みなさい。 (4点×4)

(1) Mt. Fuji is [ア high　イ as high as　ウ higher　エ the highest] of all the mountains in Japan. [神奈川県]

(2) Eric swims [ア fast　イ as fast　ウ faster　エ the fastest] as Satoru.

(3) He plays basketball [ア good　イ well　ウ better　エ best] than I. [大阪府]

ミス注意 (4) I like music the best [ア at　イ for　ウ in　エ of] all my subjects. [栃木県]

2

語形変化

(　　)内の語を適する形にして，[　　]に書きなさい。ただし，2語になる場合もあります。 (4点×5)

(1) My room here is [　　　　] than my room in Australia.　(big) [茨城県]

(2) I think my mother is the [　　　　] in my family.　(busy)

(3) This movie is [　　　　] than that one.　(popular)

(4) She can paint pictures the [　　　　] of all the residents.　(well) [静岡県]

(注) resident：入居者

ミス注意 (5) My brother has [　　　　] comic books than you.　(many)

3

適語補充

次の英文や対話文の[　　]に適する語を書きなさい。 (4点×5)

(1) I have one brother and one sister, and I am the [　　　　] of the three. [長崎県]
(いちばん年下)

(2) The elderly people look happier [　　　　] before. [滋賀県]

(3) *Masato:* We have to come to school at 7:00 for the volunteer work tomorrow morning.
Andy : Oh, today it started at 8:00. Tomorrow, will the work start [　　　　] than that? [山形県]

(4) *Kenji:* Hey, Carl. We won. Good job.
Carl : Thank you, Kenji. I still can't believe I won.
Kenji: You did it! You ran the [　　　　] [　　　　] all the anchors. [愛知県]

(注) anchor：最終走者，アンカー

(5) *A:* [　　　　] do you like [　　　　], cats [　　　　] dogs?
B: I like dogs better.

時間： 30 分	配点： 100 点	目標： 80 点
解答： 別冊 p.14	得点： 点	

4 並べかえ

正しい英文になるように，[　　]内の語を並べかえなさい。 (7点×4)

(1) *A:* How about this bag? It has a nice color.

B: It looks good, but it is [than / expensive / one / more / that]. [千葉県]

[　　　　　　　　　　　　　　　　　　　　　　　　　　　　]

(2) *A:* Who runs the fastest in your soccer club?

B: Keisuke does.

A: How about Yuto?

B: He runs fast, too. But he [run / fast / can't / as] as Keisuke. [沖縄県・改]

[　　　　　　　　　　　　　　　　　　　　　　　　　　　　]

よく出る!

(3) I did not like math in the first year. But the teacher helped me a lot and now I think it is [most / all / the / of / interesting / subjects]. [兵庫県]

[　　　　　　　　　　　　　　　　　　　　　　　　　　　　]

ミス注意

(4) *A:* Can I see that picture, please?

B: Sure. Look! This is one of [most / in / mountains / picture / the / beautiful] the world.（1語不要） [神奈川県]

[　　　　　　　　　　　　　　　　　　　　　　　　　　　　]

5 英作文

次の対話文が成り立つように，[　　]に適する英文を書きなさい。 [高知県・改]（8点）

Ken : [　　　　　　]

Jane: I like math the best.

Ken : Really? I like math, too.

[　　　　　　　　　　　　　　　　　　　　　　　　　　　　]

6 和文英訳

次のことを英語で伝えるとき，どのように表せばよいですか。英文を書きなさい。 [三重県]（8点）

・〔図書館の写真を見せて〕町内で最も古い建物が，この図書館であること。(5語以上)

[　　　　　　　　　　　　　　　　　　　　　　　　　　　　]

TEST

UNIT 16 受け身

必ず出る！ 要点整理

現在の受け身の文

❶ 受け身の意味と形

(1) 意味…「～される，～されている」という意味を表す。

重要！ (2) 形…〈be動詞(am, are, is)＋過去分詞〉
└主語によって使い分ける

English is used in many countries.（英語は多くの国で使われています。）
We are invited to the party.（私たちはパーティーに招待されています。）

❷ 過去分詞…動詞の変化形の 1 つ。受け身や現在完了形（→ p.72）などで使う。

❸ 行為者の表し方…「～によって」のように，だれによってされるのかを表すときは，**by** ～を用いる。

能動態　**Jim cleans the room every day.**
（ジムは毎日その部屋を掃除します。）

受け身　**The room is cleaned by Jim every day.**
（その部屋は毎日ジムに掃除されます。）

過去の受け身の文

▶ 過去の受け身の形と意味…be 動詞を過去形(was, were)にする。

(1) 意味…「～された，～されていた」という意味を表す。

重要！ (2) 形…〈was[were]＋過去分詞〉
└主語によって使い分ける

The picture was taken in 2010.（その写真は 2010 年に撮られました。）
└take の過去分詞

受け身の否定文

▶ 否定文の作り方…be 動詞のあとに not をおき，過去分詞はそのまま。〈be 動詞＋ not ＋過去分詞〉の形。
└短縮形をよく使う

These books are not read now.（これらの本は今は読まれていません。）
He wasn't invited to the party.（彼はパーティーに招待されませんでした。）

用語

能動態と受動態

「…は～する」というふつうの文を能動態というのに対し，「…は～される」という文を受動態(＝受け身)という。

参考

規則動詞と不規則動詞

① 規則動詞…過去分詞は過去形と同じく，**原形に ed, d** をつけた形。
② 不規則動詞…不規則に変化。1 語 1 語覚える。

注意

不規則動詞の変化

- write（書く）— wrote — **written**
- speak（話す）— spoke — **spoken**
- see（見える）— saw — **seen**
- take（とる，連れていく）— took — **taken**
- read [riːd]（読む）— read [red] — **read** [red]

参考

未来の受け身

〈will be ＋過去分詞〉の形。
- This song **will be sung** by many people.（この歌は多くの人に歌われるでしょう。）

参考

call を使った受け身

- My friends **call** me Hiro.（友達は私をヒロと呼びます。）
→ **I am called Hiro** by my friends.（私は友達にヒロと呼ばれています。）

学習日 ／

EXAMPLE ☞

This temple was built more than 300 years ago.

このお寺は300年以上前に建てられました。

受け身の疑問文

❶ 疑問文の作り方…主語の前に be 動詞を出し，過去分詞はそのまま。

肯定文	English **is used** here.（ここでは英語が使われています。）
疑問文	**Is** English **used** here?（ここでは英語が使われていますか。）└過去分詞のまま

❷ 答え方…be 動詞を使って答える。

Was the store **closed** last Sunday?

（その店はこの前の日曜日に閉められて[＝休業して]いましたか。）

— Yes, it **was**.（はい。）/ No, it **wasn't**.（いいえ。）

❸ 疑問詞の疑問文…疑問詞で始めて，受け身の疑問文を続ける。

Where are koalas **seen**?（コアラはどこで見られますか。）└see の過去分詞

— They'**re seen** in Australia.（オーストラリアで見られます。）└受け身で答える

When was this house **built**?（この家はいつ建てられましたか。）└build の過去分詞

— It **was built** three years ago.（3年前に建てられました。）

受け身の形をした熟語

(1) I **am interested in** Africa.（私はアフリカに興味があります。）

(2) I **was surprised at** the news.（私はそのニュースにおどろきました。）

(3) This cup **is made of** paper.（このカップは紙でできています。）

参考

call の疑問文

・**What** do you **call** that bird in English?（英語であの鳥を何と呼びますか。）
→ **What is** that bird **called** in English?（あの鳥は英語で何と呼ばれますか。）

くわしく!

疑問詞（＋名詞）が主語の受け身の疑問文

〈疑問詞（＋名詞）＋ be 動詞＋過去分詞 ～?〉の形で表す。

・**What language is spoken** in Mexico?
— Spanish is.（メキシコでは何語が話されていますか。—スペイン語です。）

参考

その他の be made の熟語

・**be made from** ～（～から作られる）

・**be made into** ～（～にされる）

Q. 基礎力チェック問題

解答はページ下

次の動詞の過去分詞を書け。

(1) like [ ]　(2) speak [ ]

(3) see [ ]　(4) read [ ]

受け身の文に書きかえよ。

(5) People use computers around the world.
Computers [ ] [ ] around the world.

(6) Many tourists visit Kyoto.
Kyoto is [ ] [ ] many tourists.

(7) Everyone loved the singer.
The singer [ ] [ ] by everyone.

(8)は否定文に，(9)は疑問文に書きかえよ。

(8) The kitchen was cleaned yesterday.
The kitchen [ ] [ ] yesterday.

(9) He's known as a scientist.
[ ] he [ ] as a scientist?

対話文の[ ]に適する語を入れよ。

(10) Was the letter written in easy English?
— Yes, it [ ].

(11) [ ] [ ] the meeting held?
— It's held every Monday.

A. (1) liked (2) spoken (3) seen (4) read (5) are used (6) visited by (7) was loved (8) wasn't cleaned (9) Is, known (10) was (11) When is

高校入試実戦力アップテスト

UNIT 16

受け身

1 適語選択

次の英文や対話文の[　　]内から適する語(句)を選び，記号を○で囲みなさい。 (4点×4)

ミス注意 (1) *A:* You play the piano very well.
B: Thank you.　Can you sing this song?
A: Yes.　This song is often [ア sang　イ sing　ウ singing　エ sung] in music class in Japan. [岩手県]

(2) This park [ア is cleaning　イ is cleaned　ウ are cleaning　エ are cleaned] every Saturday.

(3) *A:* This hotel looks very new.
B: Yes.　It [ア is built　イ was built　ウ have built　エ has built] one year ago. [栃木県]

(4) The food that you bought yesterday [ア should eat　イ should be eaten　ウ has to eat　エ has eaten] in a week. [神奈川県]

2 語形変化

(　　)内の語を適する形にして，[　　]に書きなさい。 (5点×4)

(1) *A:* Is your bag [　　　　　] of paper?　(make)
B: That's right.

(2) This is a picture of the bird.　It was [　　　　　] by my father.　(take) [熊本県]

よく出る! (3) These books are [　　　　　] in English.　(write)

ミス注意 (4) *Laura:* Do young Japanese people usually wear a kimono?
Emi : I don't think so.　They wear it only on special days.　For example, I wear one only when this festival is [　　　　　].　(hold) [新潟県・改]

3 語形変化

次の英文の[　　]に適する語を下の□から選び，適する形にかえて書きなさい。 [愛知県] (7点)

Guide dogs work for people who cannot see.　Guide dogs lead the users when they go to different places.　The dogs walk with the users and guide them in a safe way.　For this purpose, guide dogs are [　　　　　] to go straight along the road.

(注) guide dog：盲導犬　user：使う人

buy	catch	fade	leave	teach

時間：	30 分	配点：	100 点	目標：	80 点
解答：	別冊 p.15	得点：	点		

4 並べかえ

正しい英文になるように，[　　]内の語(句)を並べかえなさい。 (8点×4)

(1) When you talked to me for the first time, I was a little lonely. So [encouraged / your / was / by / I] kindness. [和歌山県]

[　　　　　　　　　　　　　　　　　　　　]

(2) [old / bridge / when / this / was] built? [栃木県]

[　　　　　　　　　　　　　　　　　　　　]

ミス注意 (3) *A:* Did you know [are / Canada / and French / English / spoken in]?

B: No, I didn't. That's interesting. [沖縄県]

[　　　　　　　　　　　　　　　　　　　　]

(4) *A:* What does it say on the door?

B: It says that [not / students / to / allowed / are] enter from here. [宮崎県]

[　　　　　　　　　　　　　　　　　　　　]

TEST

5 読 解

次の英文を読み，その内容に関するあとの対話文が成り立つように，[　　]に適する語を書きなさい。 [愛知県・改] (7点)

The Earth is often called the water planet. Some people say that the Earth looks blue when we see it from space. In fact, about 70% of its surface is water.

(注) **surface：表面**

A: I hear the Earth looks blue if it is [　　　　　] from space. Why?

B: Maybe because about 70% of the surface of the Earth is water.

6 和文英訳

次の日本文を英語にしなさい。 (9点×2)

(1) 彼の歌は多くの人々に愛されています。 [三重県・改]

[　　　　　　　　　　　　　　　　　　　　]

(2) あの鳥は日本語でツバメ（*tsubame*）と呼ばれています。

[　　　　　　　　　　　　　　　　　　　　]

UNIT 17 現在完了形

必ず出る！ 要点整理

現在完了形の３用法

形と用法

重要！

形…〈have[has]＋過去分詞〉
└主語が３人称単数なら has

(1) 「継続」の用法…過去のある時点から現在まで，ある状態が続いていることを表す。➡「ずっと～だ」「ずっと～している」

(2) 「経験」の用法…現在までの経験を表す。➡「～したことがある」

(3) 「完了」の用法…過去に始まった状態や動作が終わったことを表す。➡「～したところだ」「～してしまった」

「継続」の用法

1 for と since…〈for＋期間〉で「～の間(ずっと)」，〈since＋起点(始まった時)〉で「～以来(ずっと)」の意味。

I have lived in Tokyo for ten years[since last year].
(私は10年間[去年から]ずっと東京に住んでいます。)

2 否定文…have[has]のあとに not。過去分詞はそのまま。
└短縮形は haven't[hasn't]

I haven't seen him for a long time. (私は長い間彼に会っていません。)

3 疑問文…have[has]を主語の前に出す。過去分詞はそのまま。

Have you been busy this week? (今週はずっと忙しいのですか。)
└be 動詞の過去分詞

— Yes, I have. (はい。) / No, I haven't. (いいえ。)
└have を使って答える

現在完了進行形

用法…過去に始まった動作が今も進行していることを表す。

(1) 形と意味…〈have[has] been＋～ing〉➡「ずっと～している」

They have been swimming for an hour. (彼らは１時間ずっと泳いでいます。)

(2) 疑問文…have[has]を主語の前に。〈been＋～ing〉はそのまま。

Has she been playing tennis since this morning?
(彼女は今朝からずっとテニスをしているのですか。)

— Yes, she has. (はい。) / No, she hasn't. (いいえ。)

注意

have を使った短縮形

- I have → I've
- we have → we've
- you have → you've
- have not → haven't
- has not → hasn't

注意

since の用法

since のあとには，過去の文がくることもある。

- Mr. Ito has known her since he was young.
  (伊藤さんは若いときから彼女を知っています。)

継続の期間をたずねる疑問文

How long のあとに，現在完了形の疑問文を続ける。

- How long has Lisa been in Japan? (リサはどれくらい日本にいますか。)
  — For a week.
  (1週間です。)
  — Since last month.
  (先月からです。)

比較

現在完了形の「継続」と現在完了進行形

現在完了形の「継続」の文では，live, know, be など「状態」を表す動詞が使われるが，現在完了進行形の文では「動作」を表す動詞が使われる。

- Chris has been busy since last week. (クリスは先週からずっと忙しい。)
- He has been watching TV for two hours.
  (彼は2時間ずっとテレビを見ています。)

学習日 ／

EXAMPLE

Have you ever been to Kyoto?
— Yes. I've visited there twice.

あなたは今までに京都に行ったことがありますか。— はい。2回そこを訪れたことがあります。

「経験」の用法

1 肯定文…before(以前に)や～ times(～回)がよく使われる。

I've been to China before. (私は以前に中国へ行ったことがあります。)
└have been to ～＝「～へ行ったことがある」

2 疑問文・否定文…ever や never がよく使われる。

重要!
(1) 疑問文…〈**Have[Has]＋主語＋ ever ＋過去分詞 ～?**〉
➡「**今までに～したことがありますか**」

(2) 否定文…〈**have[has] never ＋過去分詞**〉➡「**一度も～したことがない**」

Have you ever skied? (あなたは今までにスキーをしたことがありますか。)
— No, I haven't. I've never skied. (いいえ。私は一度もスキーをしたことがありません。)

「完了」の用法

1 肯定文…just(ちょうど)や already(すでに)がよく使われる。

The movie has just[already] started. (映画はちょうど始まったところです[すでに始まっています]。)

2 疑問文・否定文…yet がよく使われるが，意味に注意。

重要!
yet の意味…疑問文 ➡「もう」，否定文 ➡「まだ」

Have you had lunch yet? (あなたはもう昼食を食べましたか。)
— No, not yet. (いいえ，まだです。)
└I have not had it yet. を短く答えた文

! 注意

「経験」の文でよく使われる語句

- **before** (以前に)
- **once** (1回)
- **twice** (2回)
- **three times** (3回)
- **many times** (何度も)
- **often** (よく，しばしば)
- **sometimes** (ときどき)

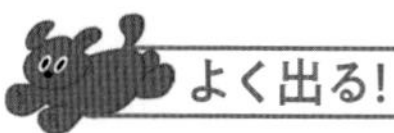

回数をたずねる疑問文

How many times のあとに現在完了形の疑問文を続ける。
- **How many times** have you visited Kyoto? (あなたは何回京都を訪れたことがありますか。)
— Five times. (5回です。)

! 注意

副詞の位置

ever, never, just, already は，ふつう過去分詞のすぐ前におかれる。yet は，ふつう文の最後におかれる。

Q. 基礎力チェック問題

解答はページ下

[ ]内から適する語を選べ。

(1) We have [live, lived, living] here for a year.
(2) [Is, Does, Has] he ever played tennis?
(3) I [don't, haven't, didn't] finished my homework yet.
(4) Nancy has worked here [for, since, from] last year.
(5) I've [be, am, been] studying English for two hours.
(6) I've [yet, ever, never] seen the bird.

[ ]に適する日本語を入れよ。

(7) I've been busy since yesterday.
私は昨日から[ ]。
(8) I've been to Canada three times.
私はカナダに3回[ ]。

答えの文の[ ]に適する語を入れよ。

(9) Have you ever heard this song?
— Yes, I [ ]. I've heard it many times.
(10) Have you cleaned your room yet?
— No, not [ ]. I'll do it soon.

A. (1) lived (2) Has (3) haven't (4) since (5) been (6) never (7) ずっと忙しい (8) 行ったことがあります (9) have (10) yet

高校入試実戦力アップテスト

UNIT 17

現在完了形

1 適語選択

次の英文や対話文の[　]内から適する語(句)を選び，記号を○で囲みなさい。 (4点×4)

(1) *A:* Jeff, do you want to study together in the library?
B: OK. But I haven't [ア have　イ having　ウ had　エ to have] lunch yet. [岩手県]

(2) It [ア is　イ was　ウ have been　エ has been] sunny since last week. [栃木県]

(3) I've [ア ever　イ better　ウ never　エ greater] thought of eating rice with green tea! [静岡県]

ミス注意 (4) She has been [ア talk　イ talks　ウ talked　エ talking] on the phone since eight o'clock.

2 語形変化

(　)内の語を適する形にして，[　]に書きなさい。 (4点×4)

(1) I've never [　　　] any one of these countries. (visit) [京都府]

(2) The train has already [　　　] the station. (leave)

(3) *Ben*　: Has your grandfather [　　　] you how to play the violin? (teach)
Yuka: Yes, sometimes he gives me advice. [新潟県]

よく出る！ (4) *A:* This song has [　　　] famous in Japan for a long time. (be)
B: Yes, my grandfather sometimes listens to it. [千葉県]

3 適文選択

次の対話文の[　]に適する英文を選び，記号を○で囲みなさい。 (5点×2)

(1) *A:* Did you see my dictionary?
B: No, I didn't. [　　　]
A: Yes. I can't find it in my room. [北海道]

ア Are you ready?　イ Have you lost it?
ウ May I use it?　エ How are you?

(2) *Ryan* : Let's go to see the movie "My Dog." It's a good movie from America.
Kenta: Sorry. [　　　]
Ryan : Then how about "Long River"? [富山県]

ア I've been to America once.　イ I've already seen it.
ウ I've never touched dogs.　エ I've had a dog since last year.

時間： 30 分	配点： 100 点	目標： 80 点
解答： 別冊 p.16	得点： 点	

4 適語補充

次の対話文の[　　]に適する語を書きなさい。ただし，(1)は与えられた文字で始めること。

（5点×3）

(1) *A:* Have you finished your homework?
B: Yes.　I have [j　　　　　] finished it.

よく出る！ (2) *Jenny:* I hear you and Ken are good friends.
Shota: Yes.　I have known him [　　　　　] he was five years old.　［山形県］

(3) *A:* Where is Kevin?
B: In his room.　He has [　　　　　] studying for two hours.

5 並べかえ

正しい英文になるように，[　　]内の語を並べかえなさい。　（7点×5）

(1) My father met Bobby when he was young, and they [friends / been / have / for / good] a long time.　［滋賀県］
[　　　　　　　　　　　　　　　　　　　　]

(2) My [has / eaten / cousin / never] Japanese food before.　［栃木県］
[　　　　　　　　　　　　　　　　　　　　]

(3) *Eric*　: [you / joined / have / ever] Blue Island Marathon?
Kento: Yes.　It has beautiful courses.　（注）Marathon：マラソン　［長崎県］
[　　　　　　　　　　　　　　　　　　　　]

(4) They [playing / since / have / tennis / been] this morning.
[　　　　　　　　　　　　　　　　　　　　]

ミス注意 (5) *A:* I like visiting Kyoto.
B: [have / many / you / been / how / times] there?
A: Three times.　［兵庫県］
[　　　　　　　　　　　　　　　　　　　　]

6 和文英訳

次のような場合，英語でどのように言えばよいですか。英文を書きなさい。　［三重県］（8点）

よく出る！
・ホームステイ先の高校生に，日本に行ったことがあるかをたずねるとき。（4 語以上）
[　　　　　　　　　　　　　　　　　　　　]

TEST

UNIT 18 名詞を修飾する語句・間接疑問文

必ず出る！ 要点整理

名詞を修飾する語句

▶ **後置修飾の形**…名詞を後ろから修飾する語句には，次のようなものがある。（※関係代名詞以下が前の名詞を修飾する文は次で学習。）

(1) **〈前置詞＋語句〉**

What's that thing on the desk?（机の上の あの物は何ですか。）

(2) **〈to ＋動詞の原形〉（形容詞的用法 →** p.52**）**

I have some work to do.（私にはするべき 仕事がいくらかあります。）

(3) **〈～ing ＋語句〉**

Look at the bird flying in the sky.（空を飛んでいる 鳥を見なさい。）

(4) **〈過去分詞＋語句〉**

That's a book written in English.（それは英語で書かれた 本です。）

> 参考
> **その他の後置修飾**
> ・The racket **over there** is mine.（あそこにあるラケットは私のものです。）
> ※over there（あそこに，むこうに）はふつう副詞の働きをするが，前の名詞を修飾する場合もある。
> ・Something **bad** will happen.（何か悪いことが起きるでしょう。）
> ※-thing の代名詞を修飾する形容詞は，そのあとにおかれる。（→ p.24）

名詞を修飾する～ing

❶ **〈～ing ＋語句〉が名詞を修飾する形**

重要！

〈名詞＋～ing ＋語句〉 ➡ 「～している…」

Do you know the man talking with Mike?

（あなたはマイクと話している男の人を知っていますか。）

❷ **～ing が単独で名詞を修飾する形**…ふつう名詞の前におく。

Can you see that sleeping cat?（あの眠っているネコが見えますか。）

> 参考
> **ing 形を使う文**
> ・進行形（→ p.28）
> I'm **studying** now.
> （私は今勉強しています。）
> ・動名詞（→ p.53）
> I like **taking** pictures.
> （私は写真を撮ることが好きです。）
> ・go ～ing
> Let's go **swimming**.
> （泳ぎに行きましょう。）

名詞を修飾する過去分詞

❶ **〈過去分詞＋語句〉が名詞を修飾する形**

重要！

〈名詞＋過去分詞＋語句〉 ➡ 「～されている…」「～された…」

My sister bought a bag made in Italy.

（私の姉はイタリアで作られた(＝イタリア製の)バッグを買いました。）

❷ **過去分詞が単独で名詞を修飾する形**…ふつう名詞の前におく。

Don't touch the broken cup.（割れたカップにさわってはいけません。）

> 参考
> **過去分詞を使う文**
> ・受け身（→ p.68）
> This room was **cleaned** yesterday.
> （この部屋は昨日掃除されました。）
> ・現在完了形（→ p.72）
> I have **been** here for two weeks.
> （私はここに 2 週間います。）

学習日 /

EXAMPLE

Look at the boy running over there. I wonder who he is.

あそこを走っている男の子を見て。彼はだれなのだろう。

間接疑問文

1 **形**…疑問詞で始まる疑問文が別の文に入ると，**疑問詞のあとがふつうの文の語順**になる。

(1) be 動詞・一般動詞の場合…〈**疑問詞＋主語＋動詞**〉の語順。

be動詞

What is this?

I know **what this is.** （私はこれが何か知っています。）

└〈疑問詞＋主語＋ be 動詞〉

一般動詞

Where does she live?

I don't know **where she lives.** （私は彼女がどこに住んでいるのか知りません。）

3 単現の s ┘

(2) 助動詞の場合…〈**疑問詞＋主語＋助動詞＋動詞**〉の語順。

助動詞

When will he come?

Do you know **when he will come?** （あなたは彼がいつ来るのか知っていますか。）

└〈疑問詞＋主語＋助動詞＋動詞〉

2 **〈疑問詞＋語句〉の場合**…〈what ＋名詞〉や〈how ＋形容詞［副詞］〉などのあとに，〈主語＋(助)動詞〉が続く。

I want to know what color she likes. （私は彼女が何色が好きかを知りたい。）

3 **tell などの目的語になる用法**…〈tell ＋人＋物〉などの「物」の部分に〈疑問詞＋主語＋(助)動詞〉がくることもある。

Can you tell me where the station is? （駅がどこにあるか教えてくれますか。）

人　物（こと）

時制の一致

間接疑問の前の動詞が過去形なら，間接疑問の動詞もふつう過去形になる。

・**They didn't know** what this **was.** （彼らはこれが何か知りませんでした。）

! 注意

間接疑問文でよく使われる動詞

・know（知っている）
・wonder（～だろうかと思う）
・remember（思い出す，覚えている）
・tell（話す，教える）
・ask（たずねる）
・learn（学ぶ）
・decide（決める）

! 注意

疑問詞が主語の間接疑問

疑問詞が主語のとき，語順は変わらない。

I wonder **who came** here. （ここにだれが来たのだろう。）

Q. 基礎力チェック問題

解答はページ下

［　］内の語を適する形にかえよ。

(1) Who's that man ［ talk ］ with Karen?

(2) These are pictures ［ take ］ in Canada.

(3) The girl ［ run ］ over there is my sister.

(4) I know this boy ［ call ］ Billy.

［　］内から適する語(句)を選べ。

(5) I don't know who ［ he is, is he ］.

(6) I know what sport John ［ like, likes ］.

(7) Here's a ［ cook, cooking, cooked ］ fish.

(8) Look at that ［ sing, singing, sung ］ girl.

次の文を〔　〕内の語句に続けて書け。

(9) Why is Amy sad? 〔 Can you guess 〕

Can you guess why ［　　　　　］?

(10) How did you go there? 〔 I know 〕

I know how ［　　　　　］.

［　］内の語を並べかえよ。

(11) The ［ tennis / boy / is / playing ］ Akira.

(12) This ［ built / is / in / a house ］ 2010.

(13) Do you know ［ Judy / where / stay / will ］ in Japan?

A. (1) talking (2) taken (3) running (4) called (5) he is (6) likes (7) cooked (8) singing (9) Amy is sad (10) you went there (11) boy playing tennis is (12) is a house built in (13) where Judy will stay

高校入試実戦力アップテスト

UNIT 18 名詞を修飾する語句・間接疑問文

1 適語選択

次の英文や対話文の［　］内から適する語(句)を選び，記号を○で囲みなさい。(5点×4)

(1) My grandfather sent me a shirt［ア make　イ was made　ウ making　エ made］in India.［神奈川県］

(2) I decided to talk about my friend［ア to live　イ lives　ウ is living　エ living］in Germany.［栃木県］

(3) *A:* How is the salad?
B: It is very good.
A: Thank you.　I used some vegetables［ア grow　イ grows　ウ grew　エ grown］in our garden.［岩手県］

よく出る！(4) I don't know what［ア to them　イ they are　ウ are they］making.

2 語形変化

(　)内の語を適する形にして，［　］に書きなさい。(5点×4)

(1) I can see a beautiful mountain［　　　　］Mt. Wakaba from my window.（call）［茨城県］

(2) Who is the boy［　　　　］over there?（run）

よく出る！(3) Our teacher said, "When I was young, I read a lot of books［　　　　］in English."（write）［山口県］

(4) The children were looking at fish［　　　　］in the river.（swim）

3 適文選択

次の英文や対話文の［　］に適するものを選び，記号を○で囲みなさい。(6点×2)

(1) *Masaki*　　　: I left my umbrella on the bus yesterday morning.
Bus company:［　　　　］
Masaki　　　: Bus No. 12 from Sakura Station to the City Hospital.［富山県］

(注) company：会社

ア When did you find your umbrella?
イ Can you tell me which bus you want to take?
ウ Where do you want to go?
エ Do you remember which bus you took?

(2) On the last day, I met Reiko-san. I said to her, "I saw your wonderful picture. Actually, I like painting pictures. Do you like painting, too?" Reiko-san answered, "Yes, I love painting." Then I continued, "Can I ask you [　　　　　　]?" She smiled and answered, "Sure...since I was about forty years old." ［静岡県］

ア when you started to live in the nursing home

イ why you didn't tell me about your picture

ウ how long you have painted pictures

エ how you painted the picture well

（注）paint：～を描く　nursing home：老人ホーム

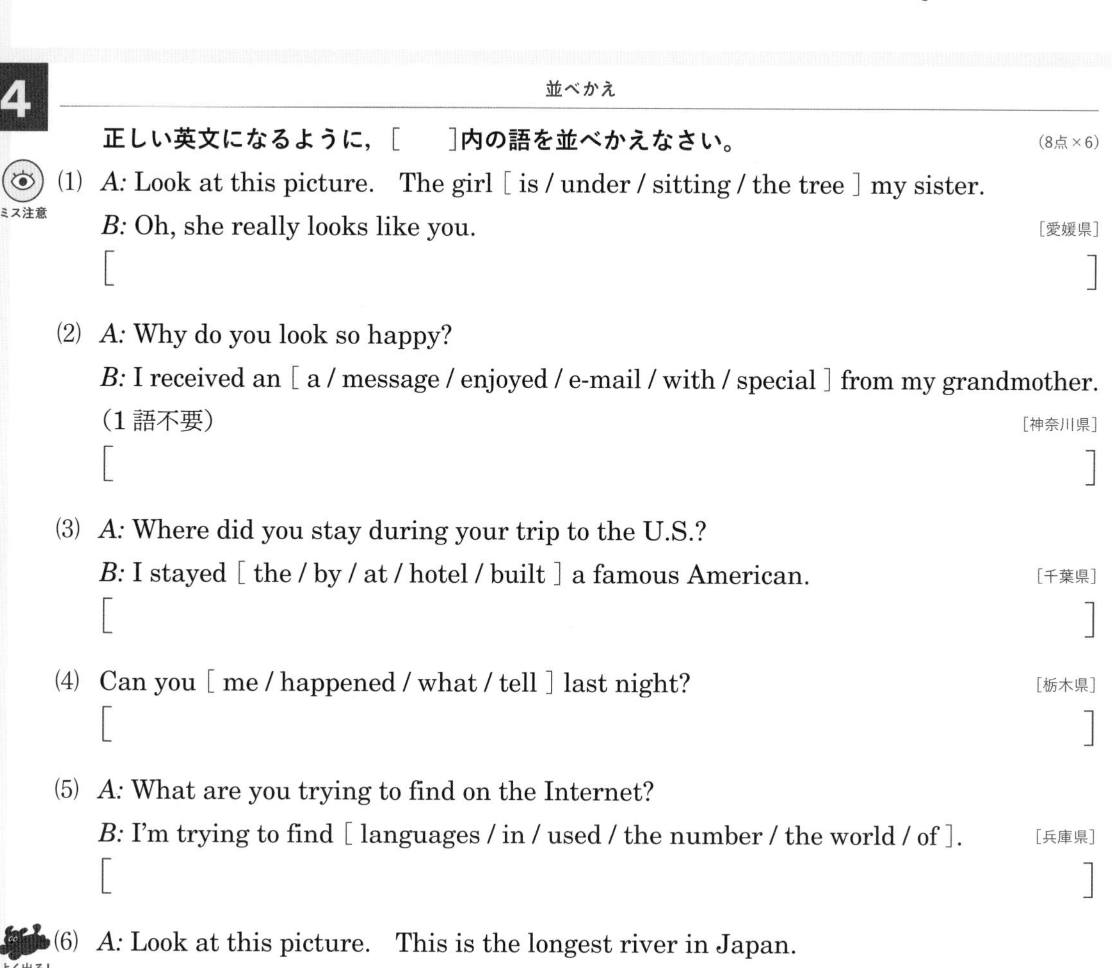

4 並べかえ

正しい英文になるように，[　　]内の語を並べかえなさい。 (8点×6)

ミス注意 (1) *A:* Look at this picture. The girl [is / under / sitting / the tree] my sister.
B: Oh, she really looks like you. ［愛媛県］

[　　　　　　　　　　　　　　　　　　　　　　　　]

(2) *A:* Why do you look so happy?
B: I received an [a / message / enjoyed / e-mail / with / special] from my grandmother. (1語不要) ［神奈川県］

[　　　　　　　　　　　　　　　　　　　　　　　　]

(3) *A:* Where did you stay during your trip to the U.S.?
B: I stayed [the / by / at / hotel / built] a famous American. ［千葉県］

[　　　　　　　　　　　　　　　　　　　　　　　　]

(4) Can you [me / happened / what / tell] last night? ［栃木県］

[　　　　　　　　　　　　　　　　　　　　　　　　]

(5) *A:* What are you trying to find on the Internet?
B: I'm trying to find [languages / in / used / the number / the world / of]. ［兵庫県］

[　　　　　　　　　　　　　　　　　　　　　　　　]

よく出る！ (6) *A:* Look at this picture. This is the longest river in Japan.
B: Do [long / is / you / how / know / it]?
A: Sorry, I don't know. ［富山県］

[　　　　　　　　　　　　　　　　　　　　　　　　]

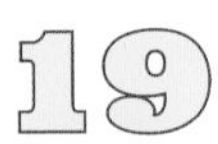

UNIT 19 関係代名詞

必ず出る！ 要点整理

関係代名詞の種類と働き

❶ **関係代名詞の種類…who, which, that** などがある。

❷ **関係代名詞の働き**…人や物に「どんな人かというと…」「どんな物かというと…」などのように**説明を後ろから加える**ときに使う。たとえば，I know a student.（私は1人の生徒を知っています。）という文に，the student speaks Chinese（その生徒は中国語を話します）という説明を加えると，次のようになる。

➡ I know a student who speaks Chinese.
（who 以下が前の名詞に説明を加えている）
（私は中国語を話す生徒を知っています。）

主格の関係代名詞

❶ **語順…〈名詞＋関係代名詞＋動詞 ～〉**
（名詞：先行詞という／動詞：形は時や先行詞の人称・単複に合わせる）
関係代名詞以下のまとまりの中で主語の働きをしているので，**主格の関係代名詞**という。

I have a friend who lives in America.
（a friend：名詞（単数）／lives：動詞（3単現））
（私にはアメリカに住んでいる友達がいます。）

This is the movie that made him famous.
（made：過去形）
（これが彼を有名にした映画です。）

❷ **使い分け**…先行詞によって，**who** と **which**[**that**]を使い分ける。

重要！ (1) 先行詞が「人」 ➡ **who**

※先行詞が「人」の場合，that も使えるが，ふつう who を使う。

The woman who came to see you is Ms. Yamamoto.
（The woman：人）
（あなたに会いに来た女性は山本さんです。）

重要！ (2) 先行詞が「物・動物・ことがら」 ➡ **which** か **that**

We have to take a bus which goes to Osaka Station.
（a bus：物）
（私たちは大阪駅に行くバスに乗らなければなりません。）

My grandmother has a dog that has long hair.
（a dog：動物）
（私の祖母は毛の長い犬を飼っています。）

注意

関係代名詞の種類と使い分け

先行詞	主格	目的格
人	who that	that
物	which that	which that

用語

先行詞

関係代名詞のすぐ前にくる名詞，つまり関係代名詞で始まるまとまりに修飾される名詞のことを「先行詞」という。

注意

関係代名詞に続く動詞の形

主格の関係代名詞のあとには動詞が続くが，現在の文で先行詞が3人称単数のときは，関係代名詞に続く動詞は3単現の形になる。
・Jim is a boy who runs very fast.
（ジムはとても速く走る男の子です。）

参考

先行詞がペットのとき

先行詞が動物でも，ペットなどについて親しみをこめて言うときには，「人」と同様に who を使うことがある。
・I have a cat who is three years old.
（私は3歳のネコを飼っています。）

EXAMPLE

I'll show you the pictures which I took last week.

私が先週撮った写真をあなたに見せます。

学習日 ／

目的格の関係代名詞

❶ 語順…〈名詞＋関係代名詞＋主語＋動詞 〜〉

関係代名詞以下のまとまりの中で目的語の働きをしているので，**目的格の関係代名詞**という。目的格の関係代名詞は**省略**できる。

These are pictures (which) Bob took in Canada.
（pictures＝名詞，(which)＝省略可，Bob＝主語，took＝動詞）

（これらはボブがカナダで撮った写真です。）

❷ 使い分け…先行詞によって，**which** と **that** を使い分ける。

重要！

先行詞
- **❶「物・動物・ことがら」➡ which か that**
- **❷「人」➡ that**

The computer which I use is made in Japan.
（The computer＝物）

（私が使っているコンピューターは日本製です。）

He's the singer that my sister likes.（彼は私の姉が好きな歌手です。）
（the singer＝人）

that が好まれる場合

①先行詞が all や -thing
This is **all that** I know.
（これが私の知っているすべてです。）

② all, every, the only, 序数，形容詞の最上級などがついた先行詞
I'm **the first student that** arrived here.
（私がここに着いた最初の生徒です。）

③先行詞が〈人＋人以外〉
Look at **the boy and the dog that** are walking over there.
（あそこを歩いている男の子と犬を見なさい。）

名詞を修飾する〈主語＋動詞 〜〉

▶〈主語＋動詞 〜〉が名詞を修飾する形

重要！

名詞のすぐあとに〈主語＋動詞 〜〉を続ける。

The city I visited last year is Paris.（私が昨年訪れた都市はパリです）
（The city＝名詞，I visited last year＝〈主語＋動詞 〜〉）

Q. 基礎力チェック問題

解答はページ下

[　] 内から適する語を選べ。

(1) I know a doctor [who, which] works in that hospital.

(2) Amy is a woman [which, that] I loved.

(3) Can you see that house [who, which] stands on the hill?

(4) Is this a train which [stop, stops] at Sendai Station?

(5) He's a person that I [meet, met] at a party last Sunday.

[　] 内の語(句)を並べかえよ。

(6) This is [read / a book / I] last night.

(7) [the city / wants / to / he] visit is Chicago.

(8) Judy has [that / a cat / has] blue eyes.

ほぼ同じ内容の文にせよ。

(9) Look at the boy playing tennis.
Look at the boy [　　　　] is playing tennis.

(10) This is a book written in easy English.
This is a book [　　　　] is written in easy English.

A. (1) who (2) that (3) which (4) stops (5) met (6) a book I read (7) The city he wants to (8) a cat that has (9) who [that] (10) which [that]

高校入試実戦力アップテスト

UNIT 19

関係代名詞

1 適語選択

次の英文の[　　]内から適する語を選び，記号を○で囲みなさい。 (5点×4)

(1) This is a camera [ア what　イ it　ウ who　エ which] is popular in Japan. [神奈川県]

(2) There are a lot of people [ア what　イ when　ウ which　エ who] speak Spanish around me. They don't use English very much. [栃木県]

(3) Do you know the word *omotenashi*? It's a Japanese word [ア it　イ something　ウ that　エ who] means good service. [静岡県]

ミス注意 (4) The cat she was holding in her arms [ア am　イ are　ウ was　エ were] cute.

2 適文選択

次の英文や対話文の[　　]に適する英文を選び，記号を○で囲みなさい。 (6点×2)

(1) I will be happy if the city has a mall, [　　　　]. So, to plan a good city, we should look at the city from different points of view. [神奈川県・改]

(注) mall：ショッピングモール　plan ～：～を設計する　points of view：ものの見方

ア but I know there are people who don't want one
イ but I will be sad if the city doesn't have a mall
ウ and I believe that other people also want one
エ and I will buy a car to go to the mall easily

(2) *Clerk* : Now, we are on the first floor. Which floor did you visit?
Mike : I don't remember the floor I visited, but [　　　　]. I bought a T-shirt for my brother in the morning. In the afternoon, I bought some pens for myself. [京都府]

(注) floor：(建物の)階

ア I remember the floor I visited to buy my cap
イ I remember the things I bought
ウ I want to know the things I bought
エ I want to know where I bought my cap

3 並べかえ

正しい英文になるように，[　　]内の語を並べかえなさい。 (10点×4)

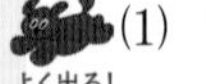
よく出る! (1) Which [picture / the / took / you / is] in the park? [千葉県]

[　　　　　　　　　　　　　　　　　　　　]

時間：	30 分	配点：	100 点	目標：	80 点
解答：	別冊 p.18	得点：	点		

(2) *Miki:* Why don't we wear the same T-shirts at the school festival?
Jane: That's a good idea! I [that / sells / know / cool / a shop] T-shirts near my house. ［高知県］

[ ]

(3) *A:* I'm looking [who / someone / take / for / can / care] of my dog. I'm going to travel this weekend.
B: I'll be happy to do that for you. ［兵庫県］

[ ]

ミス注意 (4) This magazine is [by / enjoy / people / loved / who] watching movies.

[ ]

4 読 解

ハイレベル **次の英文は，日本に住む外国人が生活で苦労することについて述べたものです。下線部の理由として適するものを，あとのア～エから選び，記号を○で囲みなさい。** ［佐賀県・改］(8点)

First, it is difficult for her to go to the hospital because many words used at hospitals are so difficult that she cannot understand what doctors say. Words like prescriptions and injections are used in hospitals. She says many foreign people living in Japan may have the same problem. I'm surprised to know that some foreign people do not go to hospitals even when they are very sick because of that.

（注） **prescription(s)**：処方せん **injection(s)**：注射

ア There are a lot of doctors who speak English in hospitals.
イ Doctors use Japanese words that are too difficult for foreign people to understand.
ウ Foreign people do not know which hospital they should go to.
エ It is very expensive to go to the hospital in Japan.

5 和文英訳

(1)は状況に合う英文を書き，(2)は日本文を英語にしなさい。 (10点×2)

(1) 昨日作ってくれた夕食はおいしかったと相手に伝えるとき。 ［三重県］

[ ]

(2) 私は，私に英語で話しかけてきた女性を助けました。 ［山梨県］

[ ]

TEST

UNIT 20 仮定法

必ず出る！ 要点整理

仮定法の用法と文の種類

❶ **用法**…**事実とは異なることや，実際にはありえないこと**を仮定していうときに使う。

❷ **仮定法の文の種類**…おもに，**if** を使う文と **I wish ～.** という文がある。

If I had time, I would go with you.
（もし私に時間があったら，あなたといっしょに行くのですが。）

I wish it were Sunday today.
（今日が日曜日だったらいいのになあ。）

if を使う仮定法の文

❶ **意味**…「**もし～だったら，…**」という，**現在の事実とは異なる仮定**を表す。

❷ **形**…**動詞の過去形**と**助動詞の過去形**を使う。

(1) if のあとの動詞が一般動詞のとき

重要！

〈**If＋主語＋過去形 ～, 主語＋would[could]＋動詞の原形 ….**〉
（would[could]：助動詞の過去形）

If I knew his phone number, I would call him.
（knew：過去形　would：助動詞の過去形）
（もし私が彼の電話番号を知っていたら，彼に電話するのですが。）

(2) if のあとの動詞が be 動詞のとき

重要！

〈**If＋主語＋were ～, 主語＋would[could]＋動詞の原形 ….**〉
（were：主語に関係なく，基本的に were を使う）

If I were in France, I could see the Eiffel Tower.
（were：主語が I でも were　could：助動詞の過去形）
（もし私がフランスにいたら，エッフェル塔を見ることができるのですが。）

❸ **「条件」の if とのちがい**…「条件」の if ～は**現実にありえる**ことを表し，あとの動詞は**現在形**。

条件 If it is sunny tomorrow, we will play tennis.
（is：現在形）
（もし明日晴れたら，私たちはテニスをします。）

仮定 If it were sunny today, we could play tennis.
（were：過去形）
（もし今日晴れていたら，私たちはテニスができるのですが。）

用語

仮定法過去

現在の事実とは異なる仮定を表す仮定法は，if に続く文で動詞が過去形になることから，「仮定法過去」とも呼ばれる。

if のあとに助動詞がくる場合

if を使う仮定法の文で，if のあとに助動詞がくる場合は，助動詞は過去形になる。

- If you could fly, where would you go?
（もしあなたが飛ぶことができたら，どこへ行きますか。）

発展

過去の事実と異なる仮定

「もし(あのとき)～だったら，…だっただろう」のように，過去の事実とは異なることを仮定する場合，if のあとでは〈had＋過去分詞〉，そのあとの文では〈would[could]＋have＋過去分詞〉を使う。これを「仮定法過去完了」という。

- If I had practiced hard, I could have won the game.
（もし熱心に練習していたら，私は試合に勝てただろうに。）

学習日 ／

EXAMPLE

If I had enough money, I would buy a new bike.

もし私が十分にお金を持っていたら，新しい自転車を買うのですが。

I wish ～. の文

1 意味…「～だったら(いいのに)なあ」という**現在の事実とは異なる願望**を表す。

2 形…**動詞の過去形**を使う。

(1) I wish のあとの動詞が一般動詞のとき

重要！

〈I wish＋主語＋過去形 ～.〉

I wish I had a sister. (私に姉[妹]がいたらいいのになあ。)
└過去形

(2) I wish のあとの動詞が be 動詞のとき

重要！

〈I wish＋主語＋were ～.〉
└主語に関係なく，基本的に were を使う

I wish my school were near my house.
└主語が3人称単数でも were

(私の学校が家の近くにあったらなあ。)

3 **I hope ～. とのちがい**…I hope ～. は**実現可能**だと思う願望をいうときに使う。

I hope ～.	I hope I become rich. (私はお金持ちになれたらいいと願っています。)
I wish ～.	I wish I were rich. └過去形 (私がお金持ちだったらなあ。)

くわしく！

I wish ～. で助動詞を使う場合

I wish ～. の文で助動詞を使う場合は，助動詞は過去形になる。

・**I wish I could run faster.**
(もっと速く走れたらなあ。)

参考

as if ～

as if ～は「まるで～のように」という意味で，if ～の仮定法の文と同じく，あとの動詞は過去形になる(現在の事実とは異なることをいう場合)。

・He talks **as if** he **knew** everything.
(彼はまるで何でも知っているかのように話します。)

Q. 基礎力チェック問題

解答はページ下

[ ]内から適する語を選べ。

(1) If I [am, are, were] you, I wouldn't say that.

(2) If Emma [lives, lived, live] in Japan, I could see her.

(3) I wish I [have, had, will have] more time.

(4) If I were rich, I [will, would, can] buy a house.

(5) If you [were, are, was] free next Sunday, let's go shopping.

(6) I wish you [will, could, can] go to the concert with us.

[ ]に適する語を入れよ。

(7) If I [ ] a car, I [ ] go there easily.
(もし私が車を持っていたら，そこへ簡単に行けるのに。)

(8) I [ ] I [ ] a little taller.
(私がもう少し背が高かったらなあ。)

(9) If Jim [ ] here, he [ ] give us some advice. (もしジムがここにいたら，私たちにアドバイスをくれるだろうに。)

(10) I [ ] my cat [ ] speak.
(私のネコが話せたらなあ。)

A. (1) were (2) lived (3) had (4) would (5) are (6) could (7) had, could (8) wish, were (9) were, would (10) wish, could

高校入試実戦力アップテスト

UNIT 20

仮定法

1

適語選択

次の英文や対話文の[　　]内から適する語(句)を選び，記号を○で囲みなさい。 (4点×5)

(1) If it [ア is　イ were　ウ will be] Sunday today, I would go to the movies.

(2) I wish I [ア have　イ will have　ウ had　エ can have] my own room.

(3) If I were in Hawaii, I [ア will　イ must　ウ can　エ would] go swimming in the sea every day.

ミス注意 (4) The beach is too far to go to by bike.　I wish my brother [ア can　イ were　ウ could　エ didn't] drive a car.

(5) *A:* I can't decide which to buy.
B: Well, if I were you, [ア I'm　イ I'll　ウ I've　エ I'd] choose the blue one.

2

適語補充

次の英文や対話文の[　　]に適する語を書きなさい。 (4点×5)

(1) If I [　　　　] a bird, I would fly to you.

(2) *A:* Look.　This bag is very nice.
B: I know, but it's too expensive.　I [　　　　] I had enough money.

ミス注意 (3) I don't understand this English sentence.　If Emma were here, I [　　　　] ask her.

(4) *A*: Wow, what a nice view!
B: Yes!　Oh, I left my camera in my car.　[　　　　] I [　　　　] it here, I could take good pictures.

(5) *A:* How's the weather in Osaka?
B: It's rainy all day, so I can't play baseball.　I [　　　　] it [　　　　] sunny.

3

適文選択

次の英文や対話文の[　　]に適する英語を選び，記号を○で囲みなさい。 (4点×3)

(1) I like animals, especially dolphins.　Sometimes I go to an aquarium to see dolphins and other sea animals, but it is far from my house.　[　　　　], I could visit there more often.

ア If there is one in my town　イ If there were one in my town
ウ If my town will have one　エ If my town were bigger

時間： 30 分	配点： 100 点	目標： 80 点
解答： 別冊 p.19	得点： 点	

(2) *A:* Will your sister come to the party tomorrow?
B: I'm sorry she won't. She is too busy.
A: Oh, really? I was looking forward to seeing her. [ ].
ア I hope she will come　イ If she is free
ウ I wish she could come　エ If she were your sister

(3) *A:* Do you have any pets?
B: No. I like dogs, but my mother doesn't. If I had a dog, [ ].
ア I could play with it every day　イ I will walk with it in the park
ウ I would feel sad　エ I wouldn't call my mother

4 並べかえ

正しい英文になるように，[ ]内の語(句)や符号を並べかえなさい。 (8点×4)

(1) *A:* That singer sings very well.
B: Yes. She's my favorite singer. I [could / I / sing / her / wish / like].
[ ]

(2) My grandfather can't use a smartphone. [to / he / how / if / knew / use] one, we could communicate more easily.
[ ]

(3) If [in / could / were / I / I / , / watch / Brazil] exciting soccer games.
[ ]

ミス注意 (4) *A:* If [had / what / you / a lot of / , / would / money] you do?
B: Well, I would travel around the world.
[ ]

5 和文英訳

次の日本文を英語にしなさい。ただし，(2)は If で始めること。 (8点×2)

(1) 私はもっと速く泳げたらいいのになあ。(実際は泳ぐのがおそい。)
[ ]

(2) もし私がそっちにいたら，あなたを手伝うのですが。(実際はいない。)
[ ]

TEST

21 熟　語

必ず出る！ 要点整理

動詞の働きをする熟語

❶ 〈動詞＋副詞[前置詞]〉…同じ動詞を使うものの意味のちがいに注意。

重要！

get up 起きる　**get to** ～に着く　**get on** (～に)乗る
└「(～を)降りる」は get off
look at ～を見る　**look for** ～をさがす　**look like** ～に似ている
listen to ～を聞く　**wait for** ～を待つ
give up (～を)あきらめる
go down ～を通って行く　**go out** 外出する　**go away** 立ち去る
└run away は「逃げる」
stay with ～のところに滞在する　**arrive in[at]** ～に到着する
└stay with のあとには「人」, stay at[in] のあとには「場所」

I got up early this morning.（私は今朝早起きしました。）
I was looking for you.（私はあなたをさがしていました。）
Let's listen to these songs.（これらの歌を聞きましょう。）

❷ 〈be 動詞＋形容詞＋前置詞〉…前置詞の使い分けに注意。

重要！

be interested in ～に興味がある　**be famous for** ～で有名だ
be different from ～とちがう　**be good at** ～が得意[上手]だ
be afraid of ～を恐れる　**be kind[nice] to** ～に親切だ

I'm interested in farming.（私は農業に興味があります。）
The school is famous for its baseball team.
（その学校は野球部で有名です。）
My ideas are different from yours.（私の考えはあなたのとはちがいます。）

形容詞の働きをする熟語

▶ 〈(a＋)名詞＋of〉…of のあとに続く名詞の形にも注意。

重要！

a lot of たくさんの　**a kind of** 一種の
└数えられる名詞は複数形に
a cup of 1杯の　**a piece of** 1切れの　**thousands of** 何千もの
└milk など　└cake など　└複数名詞

A lot of boys play this game.（多くの男の子がこのゲームをします。）
Sumo is a kind of wrestling.（すもうは一種のレスリングです。）

注意

3 語以上の熟語

・**go to bed**
寝る, 床につく
・**take care of**
～の世話をする, 面倒をみる
・**look forward to**
～を楽しみに待つ
・**have a good[great] time**
楽しい時を過ごす

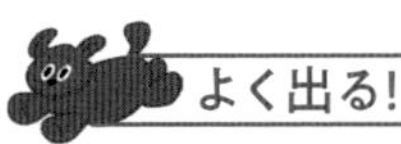

助動詞の働きをする熟語

・**be going to**
～するつもりだ
・**be able to**
～できる
・**have[has] to**
～しなければならない
・**would like to**
～したいものだ

注意

接続詞の働きをする熟語

・**both A and B**
A も B も両方とも
・**either A or B**
A か B のどちらか
・**as soon as**
～するとすぐに
・**so ～ that ...**
とても～なので…

注意

代名詞の働きをする熟語

・**each other**　お互い
・**one another**　お互い
※主語としては用いない。

学習日 ／

EXAMPLE ☞ **In front of the theater, a lot of people were waiting for the actor.**

劇場の前では，大勢の人がその俳優を待っていました。

副詞の働きをする熟語

❶ 時や場所を表すもの

重要！

after school 放課後に　**at first** 最初は　**at last** ついに

for the first time 初めて　**one day** ある日　**at home** 家で

over there 向こうで，あそこで　**all over the world** 世界中で
└around the world もほぼ同じ意味

At last we won the game.（ついに私たちはその試合に勝ちました。）

❷ その他の意味を表すもの

重要！

for example たとえば　**of course** もちろん

a lot たくさん　**very much** とても　**not ～ at all** 少しも～ない
└否定文だと「あまり(～ない)」の意味

I don't like cats very much.（私はネコはあまり好きではありません。）

使い方に注意する熟語

(1) **help ～ with ...** ➡「～の…を手伝う，～が…するのを手伝う」

Can you **help** me **with** my homework?（私の宿題を手伝ってくれませんか。）
└help のあとには「人」がくる。*help my homework* は誤り

(2) **put on** ➡「(服)を着る，(帽子)をかぶる，(くつ)をはく」(動作)

Put on your coat.（= **Put** your coat **on**.）（コートを着なさい。）
└目的語が代名詞のときはいつもこの語順。Put it on.

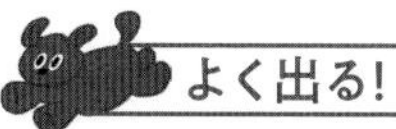

前置詞の働きをする熟語

- **in front of** ～の前に
- **because of** ～のために
- **thanks to** ～のおかげで

! 注意

時にも場所にも使う熟語

from ～ to ...
(～から…まで)

- I work **from** Monday **to** Friday.（私は月曜日から金曜日まで働きます。）
- It takes ten minutes **from** here **to** the park.（ここから公園まで10分かかります。）

between ～ and ...
(～と…の間に)

- Lunchtime is **between** twelve **and** one o'clock.（昼食時間は12時と1時の間です。）
- The store is **between** the library **and** the bank.（その店は図書館と銀行の間にあります。）

Q. 基礎力チェック問題

解答はページ下

[　]に適する語を下の〔　〕から選べ。

(1) Becky is listening [　　] music.

(2) There are some students waiting [　　] the bus.

(3) You're very good [　　] swimming.

(4) Mike has been interested [　　] Japan.

(5) I'm staying [　　] Mr. Johnson's family in San Francisco.

(6) Could you give me a cup [　　] tea?

〔at, in, to, of, for, with〕

[　]に適する語を入れよ。

(7) We clean our classroom [　　] [　　].
（私たちは放課後に教室を掃除します。）

(8) There were a [　　] [　　] people on the street.（通りには多くの人々がいました。）

(9) I could not answer [　　] [　　].
（私はまったく答えられませんでした。）

(10) Jim likes sports. [　　] [　　], he plays tennis and baseball.（ジムはスポーツが好きです。たとえばテニスや野球をします。）

A. (1) to (2) for (3) at (4) in (5) with (6) of (7) after school (8) lot of (9) at all (10) For example

高校入試実戦力アップテスト

UNIT 21

熟語

1 適語選択

次の英文や対話文の［　］内から適する語(句)を選び，記号を○で囲みなさい。 (3点×4)

ミス注意 (1) *A:* What are you doing, Ken?　Are you looking ［ア like　イ for　ウ at　エ in］ something?

B: Yes, Emma.　I lost my bike key.

(2) Last night, my sister helped me ［ア in　イ of　ウ with　エ for］ my homework.

(3) (Ms. Bell shows Naoto her lunch box.)

Ms. Bell: It has a cute character that I like on it.　Also, it's really useful.　［ア For example　イ Just a minute　ウ Excuse me　エ For the first time］, it can keep food warm and it has a place for chopsticks. ［静岡県］

(4) Quartz wristwatches were very expensive ［ア at first　イ even now　ウ next time　エ every time］, but soon people could buy them. ［愛媛県］

(注) quartz：クォーツ　wristwatch：腕時計

2 適語補充

次の英文や対話文の［　］に適する語を書きなさい。ただし，文字が与えられているところはその文字で始めること。 (各空所4点×8)

(1) My sister likes music.　She can play the guitar.　She is good ［　　　］ singing, too.

(2) *Shohei:* I hear you can speak Chinese very well.　Did you live in China?

Bob　: Yes, I was ［b　　　］ in China and I lived there until I was ten years old. ［神奈川県・改］

(3) He is ［a　　　］ to play the guitar very well.　He also enjoys a lot of sports ［s　　　］ as soccer, tennis, and basketball. ［茨城県］

よく出る! (4) *Paul*　: A city marathon?　Is it popular?

Nami: Yes.　This city ［　　　］［f　　　］ for its women's marathon.　Every year, many women come from all over Japan and other countries to run in the marathon.

(注) marathon：マラソン　［愛知県］

(5) *A*: Lisa's house is close to this park.　Why don't we play with Lisa?

B: Sure.　Before that, I want to return home and bring some drinks.　It'll take a few minutes.　Can you wait here ［　　　］ a while?

A: Yes, of ［　　　］. ［宮崎県］

時間：	30 分	配点：	100 点	目標：	80 点
解答：	別冊 p.20	得点：	点		

3 並べかえ

正しい英文になるように，[　　]内の語を並べかえなさい。 (7点×5)

(1) *A:* I went to a school festival last Saturday.
B: How was it?
A: It was very nice.　I had [time / a / good] there. [岩手県]
[　　　　　　　　　　　　　　　　]

よく出る! (2) [of / who / care / will / take] the dog? [栃木県]
[　　　　　　　　　　　　　　　　]

(3) *A:* I want to buy something for my mother's birthday.
B: There [front / in / a flower shop / is] of the station.　You can buy beautiful flowers there. [愛媛県]
[　　　　　　　　　　　　　　　　]

よく出る! (4) *Rob*　　: I want to visit your house, but I don't like dogs.
Tomomi: [my / of / be / dog / afraid / don't].　It's very small. [山形県]
[　　　　　　　　　　　　　　　　]

ミス注意 (5) *A:* What [between / is / color / and / red] yellow?
B: I think it's orange. [千葉県]
[　　　　　　　　　　　　　　　　]

アドバイス ☞ 何が主語になるかに注意する。

4 和文英訳

次の日本文を英語にしなさい。(2)は状況に合う英文を書きなさい。 (7点×3)

(1) 私は，梅干し（*umeboshi*）に興味があります。 [和歌山県]
[　　　　　　　　　　　　　　　　]

ミス注意 (2) 好きな歌手に会えるのを楽しみにしていることを伝えるとき。(5 語以上) [三重県]
[　　　　　　　　　　　　　　　　]

(3) 私はあなたたちをほこりに思います。
[　　　　　　　　　　　　　　　　]

TEST

22 会話表現①

必ず出る！要点整理

あいさつの表現

❶ 知り合いに会ったときのあいさつ

A: Hello, Emma. **How are you?**（こんにちは，エマ。元気ですか。）
B: **I'm fine, thank you.** And you?（元気です，ありがとう。あなたは？）
A: I'm fine, thank you.（私も元気です，ありがとう。）

❷ 別れるときのあいさつ

A: Bye, Miho.（じゃあね，美穂。）
B: Bye. **See you tomorrow.**（じゃあね。また明日。）

お礼の表現

❶ 基本の表現

A: **Thank you (very much).**（〈どうも〉ありがとう〈ございます〉。）
B: **You're welcome.**（どういたしまして。）

❷ さまざまな「どういたしまして。」

No problem.　**My pleasure.**　**Not at all.**
└おわびや依頼などへの応答でも使う

あいづち①

❶ さまざまなあいづち

I see. なるほど。／わかりました。 **Of course.** もちろん。
Really? 本当？／そうなの？ **(That) Sounds good.** いいですね。

A: Push this button to open the door.
（ドアを開けるにはこのボタンを押します。）
B: I see.（なるほど。）

❷ 同意・肯定のあいづち

重要！

I agree (with you).（あなたに）同感です。 **Me, too.** 私もです。
I think so(, too).（私も）そう思います。
Exactly. / That's right[true]. / You're right. そのとおりです。

注意

人に会ったときのその他のあいさつ

・**How are you doing?**
（元気ですか。）
・**How about you?**
（あなたは?）

注意

初対面のあいさつ

・**Nice to meet you, Jim.**
（はじめまして，ジム。）
— **Nice to meet you, too.**（こちらこそ，はじめまして。）

くわしく!

さまざまな See you ～.

See you のあとには，時を表すさまざまな語を続ける。**See you.**（またね。）とだけ言うこともある。
・**See you later.**
（またあとで。）
・**See you then.**
（またそのときに。）

注意

おわびの表現

・**I'm sorry I'm late.**
（遅れてごめんなさい。）
— **That's all right.**
（いいですよ。）

参考

不同意の応答

・**I don't agree (with you).**
（〈あなたに〉同意しません。）
・**I don't think so.**
（私はそう思いません。）

EXAMPLE

Thank you for helping me. — You're welcome.

手伝ってくれてありがとう。— どういたしまして。

学習日 ／

あいづち②「そうなんですか。」

▶ 形…相手の言った文の主語・(助)動詞を受けて，〈(助)動詞＋代名詞？〉の形で応答する。

be 動詞 *A:* I am a big fan of the team.(私はそのチームの大ファンなんです。)
B: Oh, are you? (まあ，そうなんですか。)

一般動詞 *A:* Jim visited Kyoto yesterday.(ジムは昨日，京都を訪れました。)
B: Did he? (そうなんですか。)

その他の表現

❶ 気づかう

(1) **What's wrong? / What's the matter?** (どうしたのですか。)

(2) **That's too bad.** (それはお気の毒に。)

❷ 物を手渡す

Here you are. はい，どうぞ。

※さがしていた物が見つかったときなどに「はい，どうぞ」と手渡すときは，Here it is. を使う。

❸ 聞き返す

(1) **Pardon (me)?** (何とおっしゃいましたか。)
└Excuse me? や Sorry? も使う

(2) **Could you say that again?** (もう一度言っていただけますか。)

注意

つなぎの言葉

- Let's see ... / Let me see ... / Well ...
(ええと…／そうですね…)

注意

その他の気づかう表現と応答

- **What happened?**
(どうしたのですか。)
- **I have a fever[headache].**
(熱があります[頭痛がします]。)
- **I'm sorry about that.**
(それは残念ですね。)

参考

その他の会話表現

- Guess what!
(あのね。／ねえねえ。)
- By the way, ...(ところで…)
- Good job.(よくやったね。)
- Good luck.
(幸運を。／がんばってね。)
- Have a good time!
(楽しんできてね。)

Q. 基礎力チェック問題

解答はページ下

[　　]に適する語を入れよ。

(1) [　　　] you [　　　]. (はい，どうぞ。)

(2) Let's [　　　].... Oh, I got it.
(そうですね…。ああ，わかりました。)

(3) Of [　　　]. (もちろんです。)

(4) What's the [　　　]? (どうしたのですか。)

(5) I [　　　]. (同感です。)

(6) That's [　　　]. (そのとおりです。)

(7) [　　　] me?
(もう一度おっしゃってください。)

次の文に対する応答文を，下のア～カから選べ。

(8) Thank you very much. [　　]

(9) How are you? [　　]

(10) I want a new bike. [　　]

(11) My mother is sick in bed. [　　]

(12) Nice to meet you. [　　]

(13) Goodbye. [　　]

ア That's too bad.　　イ Oh, do you?
ウ You're welcome.　　エ I'm fine, thank you.
オ See you.　　カ Nice to meet you, too.

A。 (1) Here, are (2) see (3) course (4) matter (5) agree (6) right[true] (7) Pardon[Excuse] (8) ウ (9) エ (10) イ (11) ア (12) カ (13) オ

高校入試実戦力アップテスト

UNIT 22

会話表現①

1 適語選択

次の英文や対話文の[　　]内から適する語(句)を選び，記号を○で囲みなさい。 (6点×4)

(1) [ア Live　イ Will　ウ When　エ See] you tomorrow. [北海道]
(じゃあまた明日ね。)

(2) *A:* Hello, I'm Hiroki.
B: Could you [ア call me　イ listen to　ウ say that　エ hear me] again?
A: Hiroki.　H-I-R-O-K-I.　Please call me Hiro.

(3) Hi, everyone.　How are you [ア did　イ do　ウ does　エ doing]?　My name is Tiffany. [栃木県]

(4) *Emi*　: I think you will be surprised when you put on a kimono.
Laura: What do you [ア like　イ mean　ウ hear　エ forget]? [新潟県]

2 適語補充

次の対話文の[　　]に適する語を書きなさい。 (7点×3)

(1) *A:* I'm preparing an invitation card for Anna's farewell party.
B: May I look at it?
A: Sure. [　　　　　] you are.　(注) **invitation card：招待状**　[滋賀県・改]

ミス注意 (2) *A:* Do you know this book, Yumi?　It's really interesting.
B: Oh, [　　　　　] it?　I want to read it.

(3) *A:* Are you free today, Meg?
B: Sorry.　I have to visit my grandma in the hospital.
A: I [　　　　　].　Then how about tomorrow?

3 適文選択

次の対話文の[　　]に適する英文を選び，記号を○で囲みなさい。 (7点×5)

よく出る! (1) *Yuta:* Let's eat lunch, Nick.　I'm very hungry.
Nick: [　　　　　]　So I can't wait to open my lunch box! [静岡県]
ア Do you?　イ Me, too.　ウ I don't think so.

(2) *Judy:* When and where will we learn about otters?
Mika: [　　　　　]....　Here.　"Learning Center."　It's in "River Zone."　And the class starts at eleven o'clock. [愛媛県]
(注) **otter(s)：カワウソ　Learning Center：学習センター　～ Zone：(動物)園内の区域名**

ア I'm sorry　イ We won't　ウ You're welcome　エ Let's see

よく出る！(3) *A:* I think young people should eat more vegetables.
B: [　　　　] Having fruit is also good for them. ［沖縄県］
ア Thank you.　イ I agree.　ウ I'm sorry.　エ Let's go.

(4) *Takashi:* Hi, how are you today?
Mr. Lee : I'm fine, thank you. [　　　　]
Takashi: I'm fine, too, thank you. ［新潟県］
ア Excuse me.　イ How about you?
ウ I'm sorry.　エ How is the weather today?

(5) *Ken :* I decided to read a newspaper every morning. I think newspapers are very useful for learning about new things.
Saki: [　　　　] I will try that. ［滋賀県］
ア I don't agree.　イ I think so, too.
ウ I'm worried.　エ I'm not interested.

TEST

4 対話文完成

それぞれの指示にしたがって，対話文を完成させなさい。 （それぞれ全部できて10点×2）

(1) 次の対話文が成り立つように，①～③に適する英文を**ア～ウ**から選び，記号で答えなさい。 ［北海道・改］

A: The concert was wonderful. Did you like her songs?
B: ①
A: ②
B: ③

ア Let's go to her concert again.
イ Of course. I liked them very much. Thank you for inviting me to it.
ウ You're welcome. I'm happy you enjoyed it very much.

①[　　]→②[　　]→③[　　]

(2) 2人の対話が交互に自然につながるように**ア～エ**の文を並べかえて，その順に記号で答えなさい。 ［沖縄県］

（体調をたずねる）
ア You should see a doctor.
イ You don't look well, Amy. What's wrong?
ウ I have a fever and a headache.
エ OK. I will.

[　→　→　→　]

UNIT 23 会話表現②

必ず出る！要点整理

電　話

▶ 電話の会話でよく使われる表現

重要！

A: **Hello?**（もしもし？）

B: **Hello. This is** Ryo (**speaking**). **May I speak to** Ann, **please?**（もしもし。こちらは遼です。アンをお願いできますか。）
└I am はふつう使わない

B: I'm sorry. She's out. **Can[May] I take a message?**（すみません。彼女は留守です。伝言をお聞きしましょうか。）

A: No, thank you. **I'll call back later.**（いいえ，結構です。あとでかけ直します。）

買い物

▶ 店でのやり取りでよく使われる表現

重要！

店員：**May[Can] I help you?**（いらっしゃいませ。/ ご用件をうかがいましょうか。）

客　：Yes, please. **I'm looking for** a T-shirt.（ええ，お願いします。T シャツをさがしているのですが。）

店員：**What color** would you like?（何色がよろしいですか。）

客　：Something bright.（明るい色のものです。）

店員：OK, then **how about this one?**（わかりました，では こちらはいかがですか。）

客　：It's nice. **I'll take it.**（すてきですね。それをいただきます。）

食　事

▶ 食事での会話でよく使われる表現

重要！

A: **Would you like some more?**（もう少しいかがですか。）

B: **No, thank you.** I'm full.（いいえ，結構です。おなかがいっぱいです。）

A: **Would you like something to drink?**（何か飲み物はいかがですか。）

B: Yes, please. **May I have** some tea?（はい，お願いします。紅茶をいただけますか。）

A: Sure. Here you are.（もちろんです。はい，どうぞ。）

よく出る！

その他の電話の表現

- **Speaking. / It's me.**（私です。）
- **Hold on, please.**（〈そのまま〉お待ちください。）
- **He isn't (at) home now.**（彼は今，家にいません。）
- **Can I leave a message?**（伝言をお願いできますか。）
- **Could you tell[ask] him to call me back?**（折り返し電話をくれるよう伝えて[頼んで]もらえますか。）
- **Sorry, you have the wrong number.**（失礼ですが，番号がちがいますよ。）

注意

その他の買い物の表現

- **I'm just looking.**（見ているだけです。）
- **Do you have a bigger one?**（もっと大きいのはありますか。）
- **What size are you looking for?**（どのサイズをおさがしですか。）
- **May[Can] I try this on?**（試着してもいいですか。）

注意

その他の食事・食べ物の注文の表現

- **Help yourself.**（自由に自分で取ってください。）
- **Can you pass me the salt?**（塩を取ってもらえますか。）
- **What would you like?**（何になさいますか。）
- **I'll have an omelet.**（オムレツをいただきます。）

学習日　／

EXAMPLE

I'm sorry, he's out. — OK. I'll call back later.

すみません，彼は留守です。— わかりました。あとでかけ直します。

道案内

❶ 道順をたずねる言い方と教える言い方

A: Excuse me. **Could you tell me the way to** the City Hall?
（すみません。市役所へ行く道を教えてくださいませんか。）

B: Sure. Go down this street and **turn right at** the second corner. You'll see it **on your left.**（いいですよ。この通りを行って，2つ目の角を右に曲がってください。それは左手に見えますよ。）

A: **How long does it take** from here?（ここからどれくらいかかりますか。）

B: About ten minutes. You can't miss it.
（約10分です。見逃しませんよ。）

❷ 乗り物での行き方をたずねる言い方と教える言い方

A: Excuse me. **Could you tell me how to get to** Ueno?
（すみません。上野への行き方を教えてくださいませんか。）

B: Sure. **Take** the Chuo Line **to** Tokyo Station, and **change to** the Yamanote Line there.
（いいですよ。東京駅まで中央線に乗って，そこで山手線に乗り換えてください。）

A: **How many stops** is Tokyo Station from here?
（東京駅はここからいくつ目の駅ですか。）

B: Three stops.（3つ目です。）

注意

その他の道案内の表現

- How can I get to the station?（駅へはどうやって行けますか。）
- I'm going that way. Come with me.
（そちらへ行くところです。いっしょに行きましょう。）
- I'm sorry, I don't know. I'm a stranger[visitor] here.
（すみませんが，わかりません。このあたりはよく知らないのです。）

- Which train[bus] goes to Nagoya Station?
（どの電車[バス]が名古屋駅に行きますか。）
- Is this the train[bus] to the zoo?
（動物園へ行く電車[バス]はこれですか。）
- Where should I get off?（どこで降りればいいですか。）
- Take a train on Track 2.（2番線の電車に乗ってください。）

Q. 基礎力チェック問題

解答はページ下

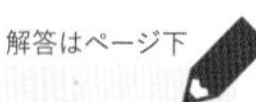

[　　]内に適する語を入れよ。

(1) [　　　]. [　　　] is Makoto.
（もしもし。こちらは誠です。）

(2) [　　　] I [　　　] to Jane, please?
（[電話で] ジェーンをお願いできますか。）

(3) May I [　　　] [　　　]?
（[店員が] いらっしゃいませ。）

(4) Could you tell me [　　　] [　　　] [　　　] the bus stop?
（バス停へ行く道を教えてくださいますか。）

次の文に対する応答文を，下のア～エから選べ。

(5) What color are you looking for?　[　　]

(6) Would you like to leave a message?　[　　]

(7) How long does it take from here?　[　　]

(8) How many stops is Kyoto Station from here?　[　　]

ア About five minutes.
イ Five stops.
ウ No, thank you. I'll call back later.
エ I'm looking for a blue one.

A. (1) Hello / This (2) May[Can], speak[talk] (3) help you (4) the way to (5) エ (6) ウ (7) ア (8) イ

高校入試実戦力アップテスト

UNIT 23

会話表現②

1 適文選択

次の対話文の[　　]に適するものを選び，記号を○で囲みなさい。 (7点×5)

(1) *A:* May I help you?

B: Yes.　I want a hat.

A: [　　　　　　]　［北海道］

ア How about this one?　イ You'll help me a lot.

ウ How much is this cap?　エ You can come another day.

ミス注意 (2) *A:* Would you like something to drink?

B: [　　　　　　]　I want a cup of tea.　［北海道］

ア Sorry, I don't know.　イ Yes, it is.　ウ No, thank you.　エ Yes, please.

よく出る! (3) *Akio*　: Hello, this is Akio.　May I speak to Tom, please?

Tom's mother: Sorry, but he is out now.

Akio　: I see.　[　　　　　　]

Tom's mother: Sure.　［富山県］

ア Shall I take a message?　イ Can I call him again?

ウ Will you give me a message?　エ May I help you?

(4) *A:* Excuse me.　Could you tell me [　　　　　　]?

B: Sure.　Go straight and turn right at the post office.　You will see it on your left.

ア how many stops the station is　イ the way to the library

ウ where to get off the bus　エ how long it takes from here

(5) *A:* This potato salad is delicious.　May I have a little more?

B: Of course.　[　　　　　　]

ア You're welcome.　イ I'm just looking.

ウ She's out now.　エ Help yourself.

2 対話文完成

次の2人の対話文が交互に自然につながるようにア～ウの文を並べかえて，その順に記号で答えなさい。 ［沖縄県］（全部できて10点）

Hi.　Can I help you?

ア Sounds good.　Can I try them on?

イ Well, we have three kinds of white ones.

ウ Yes, please.　I'm looking for white tennis shoes.　[　→　→　]

時間： 30 分 | 配点： 100 点 | 目標： 80 点

解答： 別冊 p.21 | 得点： 点

3 並べかえ

正しい英文になるように，[　　]内の語を並べかえなさい。 (10点×3)

(1) *A:* Hello.　This is Mary.　May I speak to Haruna?

B: Sorry, but she isn't back yet.

A: Could you [her / me / to / call / ask] back? [宮崎県]

[　　　　　　　　　　　　　　　　　　　　　　　　　　　　　　]

ミス注意 (2) *A:* Could you tell [is / me / museum / the / where]?

B: Sorry, I can't help you because I don't live around here. [千葉県]

[　　　　　　　　　　　　　　　　　　　　　　　　　　　　　　]

(3) *A:* May I help you?

B: Well, [any / bags / do / for / have / my / you] sister?

A: Yes, we do.　This one is very popular among young girls. [富山県]

[　　　　　　　　　　　　　　　　　　　　　　　　　　　　　　]

4 対話文完成

それぞれ指示にしたがって，[　　]に適する英文を書きなさい。 ((1) 10点, (2) 15点)

(1) 次の対話文が成り立つように，[　　]内の語を含めて6語以上の一文を書きなさい。 [佐賀県]

A: Hello?

B: Hello, Ms. Green.　This is Ken.　May I speak to John, please?

A: Oh, sorry.　[　　　not　　　]

B: All right.　May I leave a message?

A: Sure.

[　　　　　　　　　　　　　　　　　　　　　　　　　　　　　　]

ミス注意 (2) 地図を参考にして，[　　]に入る英語を書きなさい。2文以上になっても構いません。 [長崎県]

A: Excuse me.　We want to go to the art museum.　Could you tell me how to get there?

B: Sure.　[　　　　　]

A: I see.　Thank you very much.

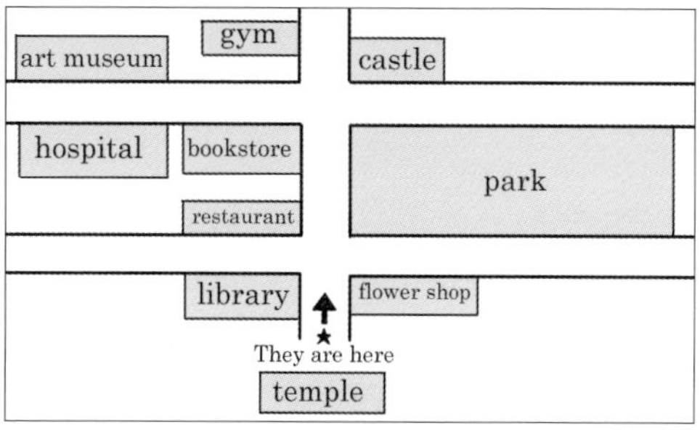

[　　　　　　　　　　　　　　　　　　　　　　　　　　　　　　]

TEST

UNIT 24 リスニング①

必ず出る！ 要点整理

似た絵の中から選ぶ問題

▶ **部屋や公園の様子などを伝える英文**…選択肢の**絵のちがい**に注意して，物の数や位置関係を正確に聞き取る。

24 例題 読まれる英文を聞き，その内容に合う絵を選びなさい。

ア 
イ 
ウ 

⑴ two, three, four ... といった数を表す語に特に注意して聞く。

重要！ ⑵ on や by など，**場所を表す前置詞**をしっかり聞き取る。

読まれる英文 …This is my room. My desk is by the window. There are two books on the desk.（これは私の部屋です。私の机は窓のそばにあります。机の上には本が2冊あります。）

答え ウ

行動を表す絵を選ぶ問題

▶ **人物の行動について説明する英文**…行動の**内容**と，それをだ**れがいつ**行ったか，行うかを聞き取る。

25 例題 読まれる対話文と質問を聞き，質問の答えに合う絵を選びなさい。

ア 
イ 
ウ 

⑴ **複数の行動**を，人物や時などと結びつけて，整理して聞き取る。

⑵ 質問に出てくる**人物**や**時**などの**条件**を注意して聞き取る。

読まれる英文 …*A:* How about playing tennis tomorrow, Ken?
B: Sorry, I have to do my homework. How about on Sunday?
A: Well, I'm going to go shopping with mom on Sunday.
Question: What will Ken do tomorrow?（A：明日テニスをするのはどう，健？ B：ごめん，宿題をしなきゃ。日曜日は？ A：ええと，日曜日はお母さんと買い物に行くんだ。質問：明日，健は何をしますか。）

答え ア

注意

よく使われる文の形

物の位置を表すときには，次のような文がよく読まれる。

- **There are** three cups **on** the table.（テーブルの上にカップが3つあります。）
- The cat **is under** the tree.（ネコは木の下にいます。）
- **You can see** some pencils **in** the box.（箱の中に鉛筆が何本か見えます。）

参考

場所を表す前置詞

- **on**（～(の上)に）※接触を表す。
- **under**（～の下に）
- **by**（～のそばに）
- **in**（～(の中)に）
- **between**（～の間に）

よく出る！

よく出る質問

人物の行動をたずねる質問文では，次のような英文がよく読まれる。What ～ do? の形がほとんどだが，文の最後の時を表す語句に注意。

- **What did Jim do last Sunday?**（ジムはこの前の日曜日に何をしましたか。）
- **What does Jim do after dinner?**（ジムは夕食後に何をしますか。）
- **What was Jim doing at noon yesterday?**（ジムは昨日の正午に何をしていましたか。）

学習日 ／

POINT

英文や対話文を聞いて，その内容に合う絵を選ぶ問題では，放送前に絵を見ておこう。

物や人物の絵を選ぶ問題

❶ 物について説明する英文…何に使うのか，**キーワード**を聞き取る。

26 例題 読まれる英文を聞き，その内容に合う絵を選びなさい。

ア

イ

ウ

重要！

take pictures(→ カメラ)など，その物と結びつく語句に注意。

読まれる英文 …We use this to take pictures. Its color is usually black or silver. (私たちは写真を撮るのにこれを使います。それの色はたいてい黒か銀色です。)

答え **ア**

❷ 人物について説明する英文…**していること**や，**様子**を聞き取る。

27 例題 読まれる対話文を聞き，その内容に合う絵を選びなさい。

ア

イ

ウ

重要！

動詞（ing 形含む）や位置・身につけているものに注意。

読まれる英文 …*A:* Oh, that's Kumi. *B:* The one with glasses? *A:* No. It's the girl talking on the phone next to a boy.

(A：あ，あれは久美だ。 B：めがねをかけている子？ A：ううん。男の子の隣で電話で話している女の子だよ。)

答え **イ**

よく使われる文の形

物の絵を選ぶ問題では，次のような文がよく読まれる。

- **You use this to write something.**（何かを書くためにこれを使います。）→鉛筆・ペン
- **You need this when you walk in the rain.**（雨の中を歩くときにこれが必要です。）→かさ
- **This is used for cutting fruit.**（これは果物を切るために使われます。）→ナイフ
- **This is something you look at when you want to know the time.**（これは時間を知りたいときに見るものです。）→時計

LISTENING

リスニング実戦テク

放送前から試験は始まっている!

リスニング問題はふつう，英語の試験の最初に一定の時間を設けて行われる。1問目はたいてい絵を選ぶ問題が放送される。問題用紙に与えられている絵などの選択肢には，問題を解くときに役立つ情報やヒントがたくさんある。英文が読まれる前に目を通して，何が問われそうなのか予測しておくとよい。特に，**時計やカレンダーのある問題では，時刻や日付を正確に聞き取ることを意識しよう。**

高校入試実戦力アップテスト

UNIT 24

リスニング①

1 28 内容に合う絵の選択

英文や対話文が読まれます。その内容に合う絵を選び，記号で答えなさい。 (8点×3)

よく出る！

(1) ア  イ  ウ  エ 

［鳥取県］ ［　　］

ミス注意

(2) ア  イ ウ  エ 

［岐阜県］ ［　　］

(3) ア  イ ウ エ

［鹿児島］ ［　　］

2 29 質問に合う絵の選択

英文と質問が読まれます。質問の答えとして適する絵を選び，記号で答えなさい。

(8点×2)

(1) ア  イ ウ エ

［新潟県］ ［　　］

ミス注意

(2) ア  イ ウ  エ

［沖縄県］ ［　　］

☞ 音声では，日本語の指示文と英語の問題が1回だけ読まれます。英語の問題は2回聞くようにしてください。

時間： 30 分	配点： 100 点	目標： 80 点
解答： 別冊 p.22	得点： 点	

3

🔊 30 質問に合う絵の選択

対話文とその内容についての質問が読まれます。質問の答えとして適する絵を選び，記号で答えなさい。

(10点×6)

(1) ア 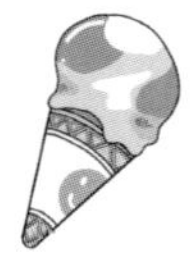 イ ウ  エ 

［栃木県］ [　　]

(2) ア 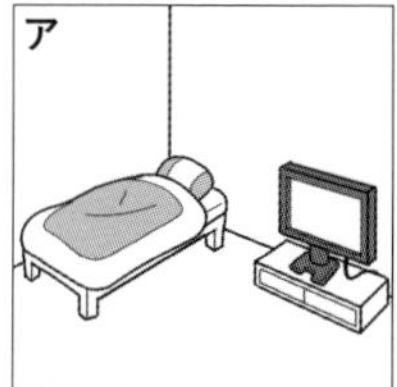 イ 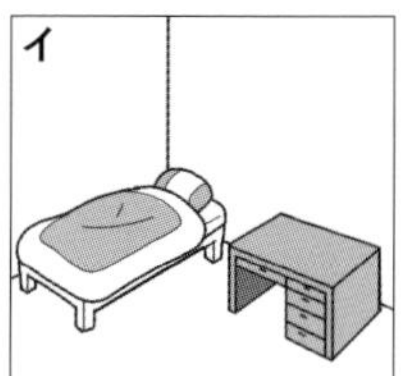 ウ 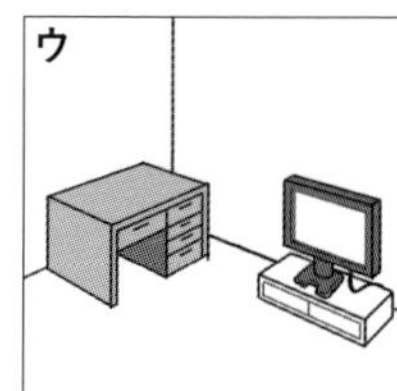 エ 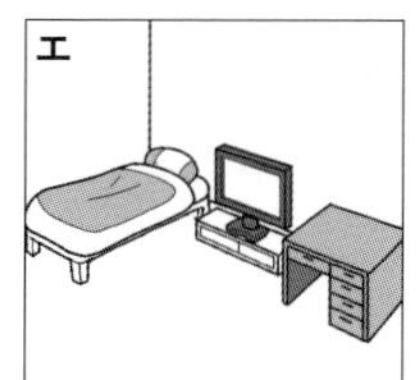

［群馬県］ [　　]

ミス注意

(3) ア  イ  ウ  エ 

［愛媛県］ [　　]

(4) ア  イ 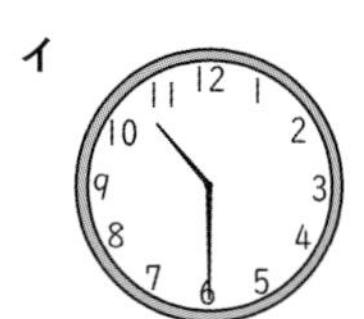 ウ  エ 

［静岡県・改］ [　　]

(5) ア  イ  ウ  エ 

［宮崎県］ [　　]

ハイレベル

(6) ア  イ 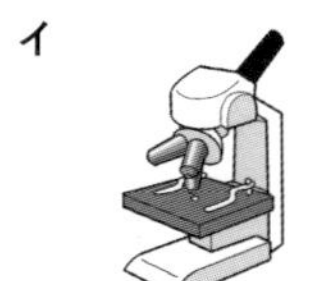 ウ  エ 

［千葉県］ [　　]

UNIT 

リスニング②

必ず出る！ 要点整理

天気の図表を見て答えを選ぶ問題

ある日の天気をたずねる英文…いつの天気かを聞き取る。

31 例題 次の表は，ある都市の週末の天気を示したものです。これを見て，読まれる質問の答えを，**ア**～**ウ**の中から選びなさい。

金（午前／午後）	土（午前／午後）	日（午前／午後）

ア It was sunny.
イ It was cloudy.
ウ It was rainy.

重要！ ⑴ **曜日**と**午前（morning）・午後（afternoon）**を聞き取る。

⑵ 選択肢の**天候を表す言い方**を確かめる。

読まれる英文 …How was the weather on Saturday morning?

（土曜日の午前の天気はどうでしたか。） 答え **イ**（くもりでした。）

グラフの内容に合う英文を選ぶ問題

スポーツや教科などの人気を比べる英文…何と何が比べられているかを聞き取る。

32 例題 読まれる3つの英文を聞き，グラフの内容に合うものを1つ選びなさい。

〈アンケート結果〉
好きなスポーツは？

more～，the most ～や**as ～ as**の比較表現に注意して聞く。

読まれる英文 …A. In this class, baseball is the most popular sport. B. In this class, swimming is more popular than tennis. C. In this class, tennis is not as popular as soccer.

（A. このクラスでは，野球がいちばん人気のあるスポーツです。B. このクラスでは，水泳はテニスよりも人気があります。C. このクラスでは，テニスはサッカーほど人気がありません。）

答え **C**

注意

天気をたずねる文

天気予報の図表が示されて，**What will the weather be next Sunday?**（今度の日曜日の天気はどうなりますか。）のように，未来の文で質問される場合もある。

注意

寒暖を表す言い方

天気の図表を使った問題では，気温もいっしょに示され，**Which day was the hottest?**（どの日がいちばん暑かったですか。）のように聞かれることもある。寒暖を表す形容詞も聞き取れるようにしておこう。比較級・最上級もよく使われるので要注意。

- **hot**（暑い）
- **warm**（暖かい）
- **cool**（涼しい）
- **cold**（寒い）

よく使われる表現

グラフを使った問題では，popularを使った比較表現がよく読まれる。

- **more popular than ～**（～よりも人気がある）
- **the most popular**（いちばん人気がある）
- **as popular as ～**（～と同じくらい人気がある）
- **not as popular as ～**（～ほど人気はない）

POINT 

絵や図表を見て答える問題は，よく出る表現をおさえておこう。

地図中の目的地の場所を選ぶ問題

▶ **道案内の英文**…英文をよく聞き，実際に地図や路線図に現在地からの道順や行き方をかきこんでいく。

33 例題 読まれる対話文を聞き，郵便局のある場所を次の地図のア～キの中から選びなさい。

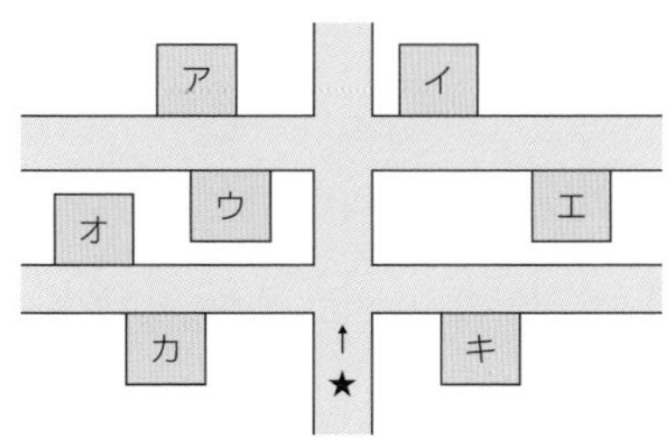

★は対話している場所，
↑は進行方向を示しています。

⑴ **left** と **right** を正確に聞き分けて，**左折なのか右折なのか**，進行方向の**左右どちら側にあるのか**を聞き取る。

⑵ **first, second ...** などの**序数**に注意して，**何番目の角**を曲がるのかを聞き取る。

読まれる英文 …*A:* Excuse me. Could you tell me the way to the post office? *B:* Sure. Go down this street and turn left at the second corner. It's on your right.（A：すみません。郵便局へ行く道を教えてくださいませんか。 B：いいですよ。この通りを行って２つ目の角で左に曲がってください。右側にありますよ。）

答え **ア**

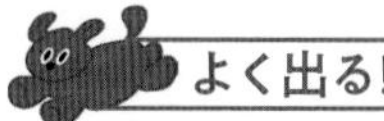

よく出る!

道案内でよく使われる表現

※ p.97 も参照しよう。

- **go straight**（まっすぐ進む）
- **go down[along]** ～（～に沿って行く）
- **turn left**（左に曲がる）
- **turn right**（右に曲がる）
- **at the first corner**（最初の角で）
- **at the third traffic light**（3つ目の信号で）
- **on your left**（左側に）
- **on your right**（右側に）
- **take the train for** ～（～行きの電車に乗る）
- **change trains at** ～（～で電車を乗り換える）
- **get off**（降りる）

注意

建物や場所の名前

- hospital（病院）
- library（図書館）
- bank（銀行）
- park（公園）
- post office（郵便局）
- museum（博物館，美術館）
- bookstore（書店）
- flower shop（生花店）

LISTENING

リスニング実戦テク

2回分の放送をフルに活用せよ!

リスニング問題では，日本語の指示文が１回，英文はふつう２回くり返して読まれる。１回目の放送で英文が聞き取れないところがあっても，あわてず，落ち着いて２回目を聞こう。

絵や図表の表している内容を正確につかむこともポイント。グラフは数に注意。地図は道案内の表現をしっかり身につけておこう。

高校入試実戦力アップテスト

UNIT 25

リスニング②

1 34 内容に合う図の選択

英文が読まれます。その内容に合うものを選び，記号で答えなさい。 (10点×2)

ミス注意 (1)

ア【人気の習い事】

1位	ピアノ
2位	水泳
3位	英語

イ【人気の習い事】

1位	ピアノ
2位	英語
3位	水泳

ウ【人気の習い事】

1位	英語
2位	ピアノ
3位	水泳

エ【人気の習い事】

1位	英語
2位	水泳
3位	ピアノ

［茨城県］［　　］

よく出る！ (2)

ア

a.m.	p.m.
晴れ	雨

イ

a.m.	p.m.
雨	くもり

ウ

a.m.	p.m.
くもり	晴れ

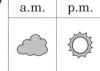

エ

a.m.	p.m.
晴れ	くもり

［岡山県］［　　］

2 35 質問に合う答えの選択

対話文が読まれます。(1)は示された指示にしたがって，(2)は読まれる質問を聞いて，それぞれ答えとして適するものを選び，記号で答えなさい。 (10点×2)

(1) 対話のあとに２人が乗るバスの時刻として最も適するものを選びなさい。

あおば駅行き		
時	平日	土・日・祝日
6	30　50	40
7	10　30　50	20　40
8	10　30　50	20　40

ア 7：20
イ 7：30
ウ 7：40
エ 7：50

［大阪府］［　　］

(2)

	月	火	水	木	金
1校時	祝日	国語	数学	体育	英語
2校時		音楽	家庭	数学	国語
3校時		数学	英語	理科	数学
4校時		社会	社会	美術	理科
		昼休み			
5校時		英語	国語	英語	総合
6校時		理科	音楽	国語	体育

ア Tuesday.
イ Wednesday.
ウ Thursday.
エ Friday.

［兵庫県］［　　］

☞ 音声では，日本語の指示文と英語の問題が1回だけ読まれます。英語の問題は2回聞くようにしてください。

時間： 30分	配点： 100点	目標： 80点
解答： 別冊 p.24	得点： 点	

3 36 内容に合う答えのぬき出し

英文と質問が読まれます。その答えとして最も適するものを，表の中からぬき出して答えなさい。

［福岡県］（10点×2）

(1) Curry Lunch

	Egg Curry	Beef Curry
Lunch A	6 dollars	9 dollars
Lunch B	7 dollars	10 dollars
Lunch C	8 dollars	11 dollars

【Lunch A】Curry + Juice
【Lunch B】Curry + Salad
【Lunch C】Curry + Salad + Juice

[ ]

(2) Sports Festival for Children in Green Town

Time	Sport	Age
9:30〜10:30	basketball	7〜12
11:00〜12:00	badminton	7〜15
13:00〜14:00	tennis	11〜15
14:30〜15:30	volleyball	13〜15

[ ]

4 37 質問に合う答えの選択

対話文とその内容についての質問が読まれます。質問の答えとして適するものを選び，記号で答えなさい。

（10点×4）

(1) ア  イ ウ  エ

［静岡県］ [ ]

よく出る！ (2)

ア 1組 好きな季節
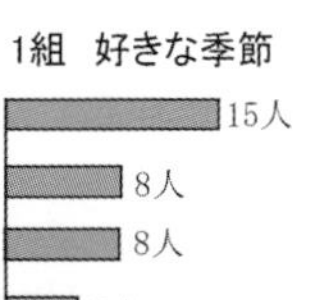

イ 2組 好きな季節
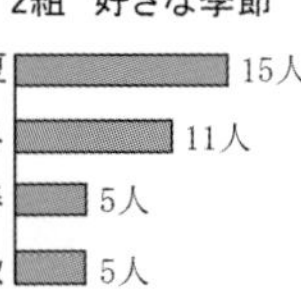

ウ 3組 好きな季節
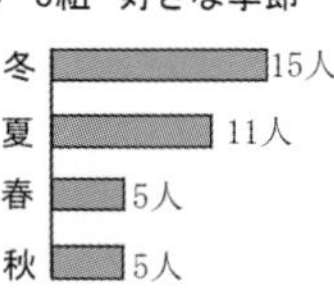

エ 4組 好きな季節
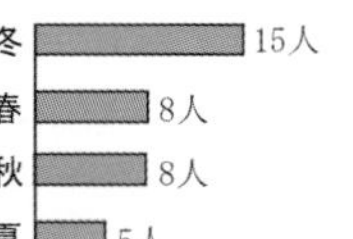

［滋賀県］ [ ]

ミス注意 (3)
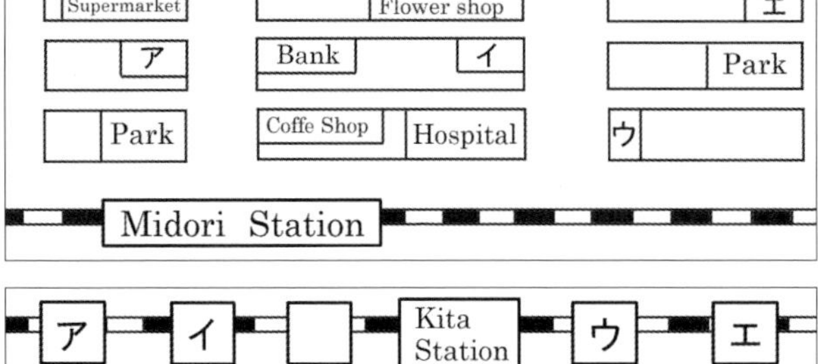

［山形県］ [ ]

(4)
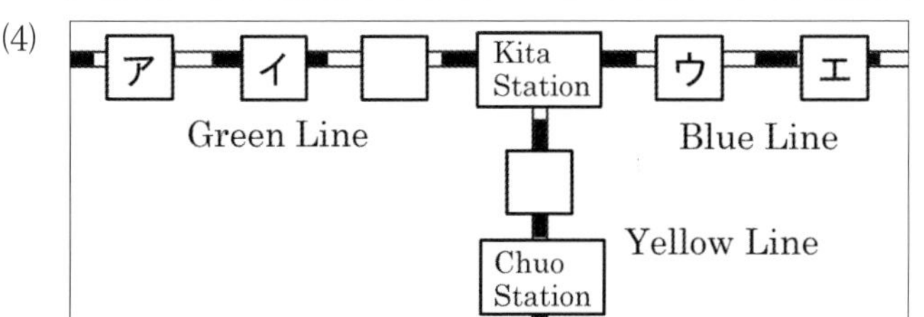

［新潟県］ [ ]

TEST

UNIT 26 リスニング③

必ず出る！ 要点整理

質問に対する答えを選ぶ問題

▶ **人物の行動や出来事などに関する英文・対話文…「いつ」「どこで」「だれが」「何を」するか，したかを聞き取る。**

38 例題 読まれる英文と質問を聞き，その質問に対する答えとして適切なものを**ア**～**エ**の中から選びなさい。

ア On Saturday.　　**イ** On Sunday.
ウ On Friday.　　**エ** On Monday.

重要！

選択肢から聞き取るポイントを推測…選択肢が「時」を表す語なら，「いつ」と問われると考え，時を表す語に注意して聞く。

読まれる英文 …On Saturday, Ken practiced soccer because he will have a game next Friday. It was rainy the next day, but he went jogging.
Question: When did Ken go jogging?
(次の金曜日に試合があるので，健は土曜日にサッカーの練習をしました。次の日は雨でしたが，彼はジョギングに行きました。質問：健はいつジョギングに行きましたか。)

答え **イ** (日曜日に。)

メモなどの空所をうめる問題

▶ **お知らせ・説明・スピーチなど…キーワードに注意して聞く。**

39 例題 読まれる英文を聞き，下のメモの（　）に当てはまる英語をそれぞれ答えなさい。

- Meeting time & place: 8 a.m. at the school (①)
- What to bring　　: (②) and a towel

重要！

メモや要約文などに示された語句・文をよく読み，何を聞き取るべきかをとらえて，注意して聞く。

読まれる英文 …Listen. We will go on a field trip tomorrow. You have to come to the school gate by 8 a.m. Don't forget to bring your lunch and a towel. (聞いてください。明日は遠足に行きます。みなさんは午前8時までに校門に来なければなりません。自分のお弁当とタオルを持ってくるのを忘れないでください。)

答え ① gate　② lunch

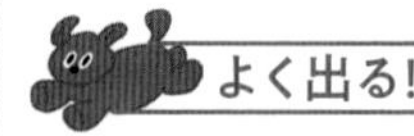

その他のよく出る質問

英文・対話文の内容を問う質問は，次のようなものもよく出る。
- **Why** did James look happy? (なぜジェームズはうれしそうだったのですか。)
- **How long** has Mika played the piano? (ミカはどれくらいピアノを弾いていますか。)

また，要点や全体的な内容の理解を問う，次のような質問もある。
- What are they **talking about**? (彼らは何について話していますか。)
- What is Mr. Brown's **problem**? (ブラウンさんの問題は何ですか。)
- Which is **true about** Emily? (エミリーについて当てはまるのは，どれですか。)

注意

言いかえに注意

空所をうめる問題では，本文の語句をそのまま使わずに，言いかえなければならない場合もある。
- the subject you **like the best**
  → your **favorite** subject
- It was **difficult** for him.
  → It was **not easy** for him.
- She **taught** math at a school.
  → She **was a math teacher.**

学習日

POINT

英語を聞いて，答えを選んだり書いたりする問題では，
「いつ」「どこで」「だれが」「何を」をつかもう。

対話の流れに合う応答文を選ぶ問題

日常的なやり取りの対話文…「誘い・提案」「申し出る」「許可を求める」「ものをすすめる」などの**会話表現**をマーク。（→ p.92，96）

40 例題 読まれる対話文を聞き，最後の応答のチャイム音の部分に入る文として適切なものを，**ア**～**エ**の中から選びなさい。

ア You're welcome.　**イ** Here you are.
ウ That's a good idea.　**エ** Yes, please.

重要！

直前の文をしっかり聞き取り，正しい応じ方を選ぶ。

読まれる英文 …*A:* I'm hungry.　*B:* Me, too.　It's already noon.
A: Would you like to go to that restaurant with me?
B:（チャイム音）（A: 私は空腹です。B: 私もです。もう正午です。A: 私とあのレストランに行きませんか。）

答え **ウ**（それはいい考えですね。）

英語の質問に英語で答える問題

意見・考えをたずねる質問…状況や設定を正確につかむ。

41 例題 留学生のマイクの質問を聞き，あなた自身の答えを書きなさい。

読まれる英文 …Next month, my sister will come to Japan from Canada.　What can I do for her?（来月，私の姉がカナダから日本に来ます。彼女のためには何ができるでしょうか。）

解答例 You can take her to some temples.（あなたは彼女をいくつかのお寺に連れていくことができます。）

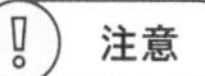

注意

さまざまな応答の表現

- I'd love to.
（ぜひそうしたいです。）
- Sure.（いいですよ。）
- No, thank you.
（いいえ，結構です。）
- I'll call back later.
（あとでかけ直します。）
- Can you tell[ask] her to ～?
（彼女に～するよう伝えて[頼んで]もらえますか。）

※最後の2つは，電話で相手が留守だと言われたときの応答。

注意

疑問詞に注意

応答文を選ぶ問題では，直前が疑問詞の疑問文であることも多い。疑問詞に合う応答を選ぼう。

- **when**（いつ）→**時**
- **where**（どこ）→**場所**
- **who**（だれ）→**人物**
- **how long**（どれくらいの間）→**期間**

LISTENING

リスニング実戦テク

メモを取って得点 UP！

リスニングでは，問題が放送されている間にメモを取ることも必要。特に長めの英文や対話文が読まれるときは，「いつ」「だれが」「どこで」「だれと」「何を」したのか，するのかが大事な要素になり，質問でもよく問われる。きれいに書く必要はないが，あとで見まちがえないように整理してメモを取ろう。

高校入試実戦力アップテスト

UNIT 26

リスニング③

1

42　適切な応答文の選択

2人の対話文が読まれます。対話の最後のチャイム音のところに入る表現として適するものを選び，記号で答えなさい。（6点×5）

(1) ア Yes, I am.　イ I think so, too.
ウ No, I don't.　エ See you later.
［千葉県］［　　］

よく出る！ (2) ア How about you?　イ I can go there.
ウ OK, I'll tell you later.　エ Yes, please.
［佐賀県］［　　］

ミス注意 (3) ア It's next Wednesday.　イ I did it last week.
ウ It's in my classroom.　エ I took it three times.
［高知県］［　　］

(4) ア What happened to you?　イ I have already eaten breakfast.
ウ I like reading books.　エ Will you study math with me?
［大分県］［　　］

(5) ア Good.　I'm glad she's at home.　イ OK.　I'll call again later.
ウ I see.　Do you want to leave a message?　エ Hello, Natsuki.　How are you?
［山口県］［　　］

2

43　適語補充

ミス注意 **トム(Tom)さんの家の電話に残された，さとし(Satoshi)さんからの留守番電話のメッセージを聞き，メモの（　①　）～（　③　）に当てはまる適切な英語または数字を，それぞれ答えなさい。**［鳥取県］（6点×3）

MEMO
・Day　: next (　①　)
・Time : 3:00 p.m. to (②　:　) p.m.
・Place : the city library
・After the talk : eat (　③　) at Satoshi's house

①［　　　］ ②［　:　］ ③［　　　］

時間： 30 分	配点： 100 点	目標： 80 点
解答： 別冊 p.26	得点： 点	

3

44 質問に合う答えの選択

英文や対話文とその内容についての質問が読まれます。質問の答えとして適するものを選び，記号で答えなさい。ただし，(4)は，質問が2つあります。 (7点×6)

(1) ア One book. イ Two books.
ウ Three books. エ Four books.

［三重県］ [ ]

よく出る！ (2) ア The zoo. イ The stadium.
ウ Masao's house. エ Tokyo.

［新潟県］ [ ]

(3) ア She will travel with her sister. イ She will return home next year.
ウ She will study math in the U.S. エ She will see her sister next month.

［兵庫県］ [ ]

(4) 〔アメリカの学校を訪問している桜(Sakura)さんのスピーチ〕
① ア To make groups. イ To write a letter.
ウ To share different ideas. エ To see many friends.
② ア How she learns in her classes. イ Which university she wants to go to.
ウ When she decided to go to America. エ Who taught her English in Japan.

［山形県］ ① [ ] ② [ ]

(5) ア Toshiya went to many countries during his holiday.
イ Toshiya took a bus in Kanazawa.
ウ It took about 25 minutes from Toyama to Kanazawa.
エ Toshiya walked to Kenroku-en from Kanazawa Station.

［富山県］ [ ]

4

45 英問英答

ハイレベル **英文を聞いて，あなたの考えを英語で書きなさい。英文はいくつ書いても構いません。**

［宮崎県］(10点)

[ ]

TEST

その他の学習事項

必ず出る！ 要点整理

付加疑問

意味と形

(1) **意味**…「～ですね」と相手に確認したり，同意を求めたりするときに，文の終わりにつける **2 語の疑問形**。

重要！ (2) **形**…コンマ(,)のあとに，**〈否定の短縮形＋主語(代名詞)?〉**
(前がふつうの文の場合)

Lisa is from the U.S., isn't she? (リサはアメリカ出身ですね。)
(is → 否定の短縮形に / Lisa → 代名詞に)

付加疑問の作り方

❶ be 動詞の文

重要！ (1) **現在の文 ➡ 〈～, aren't[isn't]＋主語？〉**

You're a tennis player, aren't you? (あなたはテニスの選手ですね。)
Ms. Ito is a good teacher, isn't she? (伊藤先生はいい先生ですよね。)

(2) 過去の文 ➡ **wasn't, weren't** を使う。

The movie was interesting, wasn't it? (映画はおもしろかったですね。)
└前が過去の文なので過去形にする

❷ 一般動詞の文

重要！ (1) **現在の文 ➡ 〈～, don't[doesn't]＋主語？〉**

You have a brother, don't you? (あなたには兄弟が 1 人いますね。)
Ken lives in Chiba, doesn't he? (健は千葉に住んでいますね。)
└主語が 3 人称単数なので doesn't を使う

(2) 過去の文 ➡ **didn't** を使う。

Your parents went to Kyoto last year, didn't they?
└前が過去の文なので didn't を使う
(あなたのご両親は去年，京都へ行ったのですね。)

❸ 否定文の場合…付加疑問は肯定形になる。

It isn't warm outside, is it? (外は暖かくないですよね。)
└前が isn't の文なのでここは is

You don't like cats, do you? (あなたはネコが好きではないですよね。)
└前が don't の文なのでここは do

注意

付加疑問の主語

付加疑問の主語は，前の文の主語を人称代名詞（主格）にして使う。
- Tom, your brother など 1 人の男性 → **he**
- Ann, his mother など 1 人の女性 → **she**
- this, the book など単数の物 → **it**
- these, those boys など複数の人や物 → **they**

その他の付加疑問

前の文	付加疑問
助動詞 can,will	..., can't ～? ..., won't ～?
現在完了形	..., haven't ～? ..., hasn't ～?
進行形	be 動詞の文と同じ

注意

付加疑問への答え方

Yes, No で答える。
- He is busy, isn't he?
(彼は忙しいですよね。)
— Yes, he **is**.
(はい，忙しいです。)
— No, he **isn't**.
(いいえ，忙しくありません。)

注意

付加疑問の言い方

確認したり，同意を求めたりする場合は，文の最後を下げ調子に言う。相手に Yes, No の答えを期待する場合は，文の最後を上げ調子に言う。

感嘆文

❶ 意味…「なんて〜でしょう」と驚きなどを表す。

❷ 形…What 〜! と How 〜! がある。

(1) **〈What ＋(a[an]＋)形容詞＋名詞！〉**

※あとに〈主語＋動詞〉を続けることもある。

What a good idea! (なんていい考えでしょう。)

(2) **〈How ＋形容詞[副詞]!〉**

※あとに〈主語＋動詞〉を続けることもある。

How kind! (なんて親切なんでしょう。)

否定表現

❶ さまざまな否定表現

(1) **no**…no はあとに名詞を続けて「**(まったく)〜ない**」の意味。

I have no sisters. (私には姉妹は1人もいません。)

(2) **few, little**…**a few** や **a little** は「少しはある」という肯定的な意味を表すが，a がつかない **few** と **little** は「**ほとんど〜ない**」という否定的な意味を表す。(→ p.24)

There are few boys here. (ここには男の子がほとんどいません。)
└数えられる名詞には few

I have little money. (私はお金をほとんど持っていません。)
└数えられない名詞には little

(3) **never**…never は not より強い否定を表し，「**決して〜ない**」「**一度も〜ない**」という意味。現在完了形（経験）の文でよく使われる。

Maki never tells a lie. (真紀は決してうそをつきません。)

I've never been to Kyoto. (私は京都へ行ったことが一度もありません。)

(4) **nothing, nobody**…nothing は「**何も〜ない**」，nobody は「**だれも〜ない**」という意味を表す。

Mark said nothing. (マークは何も言いませんでした。)

Nobody knows the truth. (だれも真実を知りません。)
└nobody は3人称単数扱い

❷ 否定表現の書きかえ…〈no＋名詞〉は **not ... any** の形に，nothing は **not ... anything** の形に書きかえられる場合がある。

Jim has **no** money. ＝ Jim doesn't have **any** money.
(ジムはまったくお金を持っていません。)

I did **nothing** yesterday. ＝ I didn't do **anything** yesterday.
(私は昨日，何もしませんでした。)

〈主語＋動詞〉の省略

感嘆文はもともと〈主語＋動詞〉が文の最後に続く形。

- What a good idea that is! (それはなんていい考えでしょう。)
- What beautiful flowers those are! (あれらはなんて美しい花なんでしょう。)
- How kind she is! (彼女はなんて親切なんでしょう。)
- How fast he runs! (彼はなんて速く走るんでしょう。)

しかし，何について話しているかが明らかな場合は，〈主語＋動詞〉は省略されることが多い。

no のあとの名詞

no のあとの数えられる名詞は，話す人の気持ちによって，単数形にも複数形にもなる。ただし，複数であるのがふつうの場合は複数形にする。

- There were no trees in the park. (公園には木が1本もありませんでした。)

注意

not 〜 very

very (とても) を否定すると，「あまり〜ない」という意味になる。

- I don't like dogs **very** much. (私は犬があまり好きではありません。)

動詞の形に注意

nothing や nobody は文の主語や目的語になる。主語になる場合は3人称単数扱いをするので，動詞の形に注意。

資料

数・曜日・月の言い方

47

● 数・曜日・月の言い方をまとめて確認しましょう。

数の言い方

1	one
2	two
3	three
4	four
5	five
6	six
7	seven
8	eight
9	nine
10	ten
11	eleven
12	twelve
13	thirteen
14	fourteen
15	fifteen
16	sixteen
17	seventeen
18	eighteen
19	nineteen
20	twenty
21	twenty-one
30	thirty
40	forty
50	fifty
60	sixty
70	seventy
80	eighty
90	ninety
100	one hundred
101	one hundred (and) one
1000	one thousand

曜日の言い方

日曜日	Sunday
月曜日	Monday
火曜日	Tuesday
水曜日	Wednesday
木曜日	Thursday
金曜日	Friday
土曜日	Saturday

月の言い方

1月	January
2月	February
3月	March
4月	April
5月	May
6月	June
7月	July
8月	August
9月	September
10月	October
11月	November
12月	December

◎ 21以降は，10の位の数（twenty ～ ninety）と1の位の数（one ～ nine）をハイフン（-）でつないで表します。
◎ 100の位はhundredを使います。（hundredのあとのandは，あってもなくてもかまいません。）
◎ 曜日名と月名の最初の文字は，いつも大文字で書きます。

基本動詞

48

- 英文を書いたり，読んだりする際に必要になる，基本動詞の意味と使い方を確認しましょう。
- 例文の音声もあわせて確認しましょう。

動詞	意味	例文	訳
have	～を持っている	I have an umbrella.	私はかさを持っています。
		I have a dog.	私は犬を飼っています。
		Do you have any brothers?	あなたには兄弟がいますか。
		I have a good idea.	私にはいい考えがあります。
		A year has twelve months.	1 年は 12 か月あります。
	～を経験する	We had a lot of snow this winter.	この冬は雪が多かった。
		We had a test today.	私たちは今日テストがありました。
	(会など)を開く	I'm going to have a party tonight.	私は今夜パーティーを開きます。
	～を食べる, 飲む	Let's have lunch together.	いっしょに昼食を食べましょう。
	～(な時)を過ごす	I had a nice holiday.	私はいい休日を過ごしました。
get	～を手に入れる	I got a letter from Sam.	私はサムから手紙をもらいました。
		I got a ticket to the concert.	私はコンサートのチケットを手に入れました。
	～を持ってくる	I'll get you something to drink.	あなたに何か飲み物を持ってきてあげましょう。
	(ある状態)になる	I hope your mother will get well soon.	あなたのお母さんがすぐによくなるといいですね。
	(～に)着く	I got home at seven.	私は 7 時に家に着きました。
take	～を取る	Take your umbrella with you.	かさを持っていきなさい。
		I'll take this one.	〈買い物で〉これをください。
	(乗り物)に乗る	I take a bus to the station.	私は駅へはバスに乗っていきます。
	(ある行動)をする	She took a lot of pictures.	彼女はたくさんの写真を撮りました。
		I usually take a bath at nine.	私はふだん9時に風呂に入ります。
	(時間が)かかる	It takes five minutes from here.	ここから 5 分かかります。
make	～を作る	I made dinner yesterday.	私は昨日，夕食を作りました。
		He made a lot of friends.	彼は多くの友達を作りました。
	A をB の状態にする	He always makes me happy.	彼はいつも私を幸せにしてくれます。
	(ある動作)をする	I made a speech at the party.	私はパーティーでスピーチをしました。
go	行く	I went to Hokkaido last month.	私は先月，北海道に行きました。
		She went home.	彼女は家に帰りました。
	～しに行く	I went shopping today.	私は今日，買い物に行きました。
come	来る	I came to Tokyo last month.	私は先月，東京に来ました。
		I'm coming.	今，(そちらに)行きます。
		I came home at seven.	私は 7 時に帰宅しました。

動詞の語形変化表

49

- 重要動詞の意味と変化形を確認しましょう。太字が不規則動詞です（不規則な変化形は色太字になっています）。
- 規則変化で，つづりに特に注意すべき変化形は太字になっています。
- 音声には太字の不規則動詞の原形・過去形・過去分詞が収録されています。

原形		3単現	過去形	過去分詞	ing形
agree	同意する	agrees	agreed	agreed	**agreeing**
answer	答える	answers	answered	answered	answering
arrive	到着する	arrives	arrived	arrived	arriving
ask	たずねる	asks	asked	asked	asking
be	（be動詞）	**am, are, is**（現在形）	**was, were**	**been**	being
become	～になる	becomes	**became**	**become**	becoming
begin	始める	begins	**began**	**begun**	**beginning**
believe	信じる	believes	believed	believed	believing
borrow	借りる	borrows	borrowed	borrowed	borrowing
break	こわす	breaks	**broke**	**broken**	breaking
bring	持ってくる	brings	**brought**	**brought**	bringing
build	建てる	builds	**built**	**built**	building
burn	燃やす	burns	burned	burned	burning
buy	買う	buys	**bought**	**bought**	buying
call	呼ぶ，電話する	calls	called	called	calling
carry	運ぶ	**carries**	**carried**	**carried**	carrying
catch	つかまえる	**catches**	**caught**	**caught**	catching
change	変える	changes	changed	changed	changing
check	調べる	checks	checked	checked	checking
choose	選ぶ	chooses	**chose**	**chosen**	choosing
clean	掃除する	cleans	cleaned	cleaned	cleaning
climb	登る	climbs	climbed	climbed	climbing
close	閉じる	closes	closed	closed	closing
come	来る	comes	**came**	**come**	coming
communicate	意思を伝え合う	communicates	communicated	communicated	communicating
cook	料理する	cooks	cooked	cooked	cooking
count	数える	counts	counted	counted	counting
cry	泣く，さけぶ	**cries**	**cried**	**cried**	crying
cut	切る	cuts	**cut**	**cut**	**cutting**
dance	踊る	dances	danced	danced	dancing
decide	決める	decides	decided	decided	deciding
die	死ぬ	dies	died	died	**dying**

原形		3単現	過去形	過去分詞	ing形
do	する	**does**	**did**	**done**	doing
draw	(線で絵を)描く	draws	**drew**	**drawn**	drawing
drink	飲む	drinks	**drank**	**drunk**	drinking
drive	運転する	drives	**drove**	**driven**	driving
eat	食べる	eats	**ate**	**eaten**	eating
end	終わる	ends	ended	ended	ending
enjoy	楽しむ	enjoys	enjoyed	enjoyed	enjoying
enter	入る	enters	entered	entered	entering
exercise	運動する	exercises	exercised	exercised	exercising
experience	経験する	experiences	experienced	experienced	experiencing
explain	説明する	explains	explained	explained	explaining
fall	落ちる	falls	**fell**	**fallen**	falling
feel	感じる	feels	**felt**	**felt**	feeling
fill	満たす	fills	filled	filled	filling
find	見つける	finds	**found**	**found**	finding
finish	終える	**finishes**	finished	finished	finishing
fly	飛ぶ	**flies**	**flew**	**flown**	flying
follow	ついていく	follows	followed	followed	following
forget	忘れる	forgets	**forgot**	**forgotten/forgot**	**forgetting**
get	手に入れる	gets	**got**	**got/gotten**	**getting**
give	与える	gives	**gave**	**given**	giving
go	行く	**goes**	**went**	**gone**	going
grow	成長する	grows	**grew**	**grown**	growing
happen	起こる	happens	happened	happened	happening
have	持っている	**has**	**had**	**had**	having
hear	聞こえる	hears	**heard**	**heard**	hearing
help	助ける，手伝う	helps	helped	helped	helping
hit	打つ	hits	**hit**	**hit**	**hitting**
hold	持つ，開催する	holds	**held**	**held**	holding
hope	望む	hopes	hoped	hoped	hoping
hurry	急ぐ	**hurries**	**hurried**	**hurried**	hurrying
hurt	傷つける	hurts	**hurt**	**hurt**	hurting
introduce	紹介する	introduces	introduced	introduced	introducing
invite	招待する	invites	invited	invited	inviting
join	参加する	joins	joined	joined	joining
jump	跳ぶ	jumps	jumped	jumped	jumping
keep	保つ	keeps	**kept**	**kept**	keeping
know	知っている	knows	**knew**	**known**	knowing
last	続く	lasts	lasted	lasted	lasting

原形		3単現	過去形	過去分詞	ing形
laugh	笑う	laughs	laughed	laughed	laughing
learn	習う	learns	learned	learned	learning
leave	去る	leaves	**left**	**left**	leaving
lend	貸す	lends	**lent**	**lent**	lending
like	好きである	likes	liked	liked	liking
listen	聞く	listens	listened	listened	listening
live	住んでいる	lives	lived	lived	living
look	見る，～に見える	looks	looked	looked	looking
lose	失う，負ける	loses	**lost**	**lost**	losing
love	愛する	loves	loved	loved	loving
make	作る	makes	**made**	**made**	making
mean	意味する	means	**meant**	**meant**	meaning
meet	会う	meets	**met**	**met**	meeting
miss	のがす	**misses**	missed	missed	missing
mistake	誤解する	mistakes	**mistook**	**mistaken**	mistaking
move	動かす	moves	moved	moved	moving
name	名づける	names	named	named	naming
need	必要とする	needs	needed	needed	needing
open	開ける	opens	opened	opened	opening
paint	(絵の具で)描く	paints	painted	painted	painting
plan	計画する	plans	**planned**	**planned**	**planning**
play	(スポーツを)する	plays	played	played	playing
practice	練習する	practices	practiced	practiced	practicing
prepare	準備する	prepares	prepared	prepared	preparing
put	置く	puts	**put**	**put**	**putting**
rain	雨が降る	rains	rained	rained	raining
read	読む	reads	**read**	**read**	reading
receive	受け取る	receives	received	received	receiving
recycle	リサイクルする	recycles	recycled	recycled	recycling
remember	覚えている	remembers	remembered	remembered	remembering
return	帰る	returns	returned	returned	returning
ride	乗る	rides	**rode**	**ridden**	riding
ring	鳴る	rings	**rang**	**rung**	ringing
run	走る	runs	**ran**	**run**	**running**
save	救う	saves	saved	saved	saving
say	言う	says	**said**	**said**	saying
see	見える	sees	**saw**	**seen**	**seeing**
sell	売る	sells	**sold**	**sold**	selling
send	送る	sends	**sent**	**sent**	sending

原形		3単現	過去形	過去分詞	ing形
show	見せる	shows	showed	**shown**/showed	showing
sing	歌う	sings	**sang**	**sung**	singing
sit	すわる	sits	**sat**	**sat**	**sitting**
ski	スキーをする	skis	skied	skied	skiing
sleep	眠る	sleeps	**slept**	**slept**	sleeping
smell	～のにおいがする	smells	smelled/**smelt**	smelled/**smelt**	smelling
snow	雪が降る	snows	snowed	snowed	snowing
sound	～に聞こえる	sounds	sounded	sounded	sounding
speak	話す	speaks	**spoke**	**spoken**	speaking
spend	過ごす	spends	**spent**	**spent**	spending
stand	立つ	stands	**stood**	**stood**	standing
start	始める	starts	started	started	starting
stay	滞在する	stays	stayed	stayed	staying
stop	止める	stops	**stopped**	**stopped**	**stopping**
study	勉強する	**studies**	**studied**	**studied**	studying
surprise	驚かす	surprises	surprised	surprised	surprising
swim	泳ぐ	swims	**swam**	**swum**	**swimming**
take	取る	takes	**took**	**taken**	taking
talk	話す	talks	talked	talked	talking
teach	教える	**teaches**	**taught**	**taught**	teaching
tell	伝える，言う	tells	**told**	**told**	telling
think	思う，考える	thinks	**thought**	**thought**	thinking
touch	さわる	**touches**	touched	touched	touching
travel	旅行する	travels	traveled	traveled	traveling
try	やってみる	**tries**	**tried**	**tried**	trying
turn	曲がる	turns	turned	turned	turning
understand	理解する	understands	**understood**	**understood**	understanding
use	使う	uses	used	used	using
visit	訪問する	visits	visited	visited	visiting
wait	待つ	waits	waited	waited	waiting
walk	歩く	walks	walked	walked	walking
want	～がほしい	wants	wanted	wanted	wanting
wash	洗う	**washes**	washed	washed	washing
watch	見る	**watches**	watched	watched	watching
wear	着ている	wears	**wore**	**worn**	wearing
win	勝つ	wins	**won**	**won**	**winning**
work	働く	works	worked	worked	working
worry	心配する	**worries**	**worried**	**worried**	worrying
write	書く	writes	**wrote**	**written**	writing

模擬学力検査問題　第1回

制限時間：	配点：	目標：
40分	100点	80点

得点：　　　　点

答えは決められた解答欄に書き入れましょう。1と2は，音声を聞いて答える問題です。英語は2回読まれます。

1

50 対話文とその内容についての質問が読まれます。質問の答えとして適するものをア～エの中から選び，記号で答えなさい。 (3点×2)

(1) ア　At 5:15.　　イ　At 5:10.
　　ウ　At 5:25.　　エ　At 5:05.

(2)

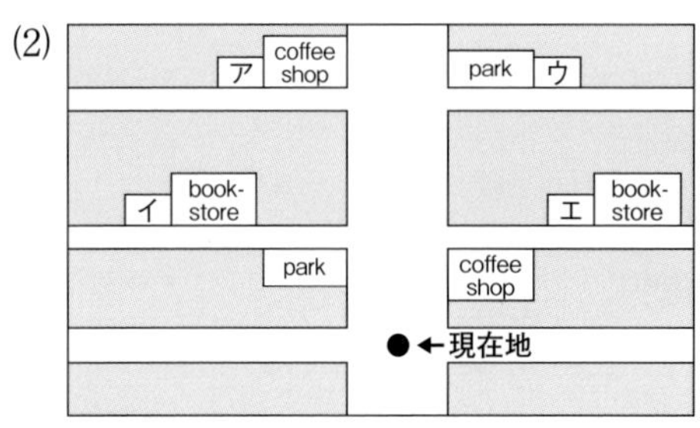

(1)	(2)

2

51 ケンジさんとエマさんの電話での対話が読まれます。対話を聞いて，エマさんが書いた下のメモの①～③の（　　）にあてはまる英語や数字をそれぞれ書きなさい。 (3点×3)

Kenji's school festival
・Kenji's class : do a（　①　）performance
・Day & Time : September（　②　）1 p.m.
・Place　　　: in the（　③　）

①	②	③

3

次の①～④の（　　）内の語を適する形に変えて書き，英文を完成しなさい。 (4点×4)

Mr. Smith teaches us English.　Japanese is not ①(speak) in his class.　Last week he ②(teach) us an English song.　We liked the song and enjoyed ③(sing) it.　I think singing English songs is ④(easy) than speaking or writing English. I can't wait for his next class.

①	②	③	④

4

次の対話文の(1)〜(4)の［　　］の中に適する英文を，下のア〜カの中から1つずつ選んで，記号で答えなさい。 (4点×4)

Ms. Brown: Hello.
Koji : Hello. This is Suzuki Koji speaking. ［ (1) ］
Ms. Brown: I'm sorry, he's out now. But he will be back in an hour. ［ (2) ］
Koji : Yes, please. Will you ask him to call me when he comes back?
Ms. Brown: All right. ［ (3) ］
Koji : Yes, he does.
Ms. Brown: OK. ［ (4) ］
Koji : Thank you. Goodbye.
Ms. Brown: Goodbye.

ア	Does he know your phone number?	**イ**	May I help you?
ウ	Can I leave a message?	**エ**	Can I take a message?
オ	May I speak to Jim, please?	**カ**	I'll tell him to call you.

(1)	(2)	(3)	(4)

5

次の対話文の____に適する語を書きなさい。 (4点×4)

(1) *A:* Is it still raining?
B: Yes. It _______ _______ rainy for three days. I hope it will be sunny tomorrow.
(2) *A:* Are you busy this afternoon?
B: No. I have _______ to do today.
(3) *A:* _______ do you like _______, pandas or koalas?
B: Mmm .... That's a difficult question. Both are very cute.
(4) *A:* Did Natsume Soseki write this book?
B: No. It was _______ _______ Dazai Osamu.

(1)		(2)
(3)		(4)	

6 次の英文を読んで，あとの(1)〜(7)の問いに答えなさい。

((1)(3)(6)4点，(2)3点，(4)(7)6点，(5)5点×2)

In July, Yuka's teacher said in her science class, "The air and water are very important. ①We can't live without them. We should keep them clean. What can we do to do so? Let's discuss it in our next class in September. I want you to think about it during the summer vacation."

After school, Yuka thought about what she could do. She wrote in her notebook that we should not use cars so often. She thinks that riding a bike or walking is better. She also wrote that we should turn off the TV when we aren't watching it.

In the evening when she was eating dinner, her father said to her, "On Saturday I'm going to the river." "(②)" Yuka asked. He answered, "To clean the river with a volunteer group. Do you want to come with me?" Yuka said, "I'd love to." "OK. I'm glad you're interested," said her father. She thought that thinking about environmental problems was important, but actually doing something was more important. And, she hoped she could learn something about water by doing the volunteer work.

On Saturday, when Yuka and her father got to the river, there were already a lot of volunteers there. They started to work. Yuka picked up cans and bottles and her father picked up paper trash and other things. Yuka also helped small children (③) cans and bottles.

Three hours later, many bags were full of trash and they took a short rest. Yuka and her father sat down by the river with other volunteers. The river looked beautiful. One of the volunteers said, "My friends went to the mountains to plant young trees." "(②)" Yuka asked. He said, "Because trees can make the air clean. A lot of trees are cut down to build houses and to make paper around the world every day. And the earth is getting warmer. My friends are planting trees to save the earth. Trees can also keep water clean." Yuka was surprised to hear that. She wanted to know how trees keep water clean, so she asked her father about it. He answered with a smile, "I think it will be good for you to study about it. You should read books or use the internet to find ④the answer."

(注) discuss：〜を議論する　turn off：(電気など)を消す　group：グループ
environmental problem(s)：環境問題　pick up：〜を拾う　can(s)：缶　bottle(s)：びん
trash：ごみ　rest：休憩　plant：〜を植える　save：〜を救う

(1) 下線部①の英文とほぼ同じ内容を表す英文を**ア**～**エ**の中から選び，記号で答えなさい。

ア　The air and water make our life more important.

イ　We need the air and water to live.

ウ　If we keep the air and water clean, we can't live.

エ　We can't live if we have the air and water.

(2) 2つの（　②　）に共通して入るものとして，適するものを**ア**～**エ**の中から選び，記号で答えなさい。

ア　What?　　**イ**　How?　　**ウ**　Why?　　**エ**　Where?

(3)（　③　）に適する語句を**ア**～**エ**の中から選び，記号で答えなさい。

ア　carry　　**イ**　carrying　　**ウ**　carried　　**エ**　carries

(4) 下線部④の the answer（その答え）は，「何に対する答え」ですか。具体的に日本語で説明しなさい。

(5) 本文の内容についての次の①，②の質問に対する答えを3語以上の英語で書きなさい。符号（. , ! ? など）は語数に含めません。

①　Does Yuka think using cars is better than riding a bike or walking?

②　What did Yuka want to do through the volunteer work?

(6) 本文の内容に合う英文を**ア**～**エ**の中から1つ選び，記号で答えなさい。

ア　Yuka will have her next science class in August.

イ　Yuka went to the river to think about her future.

ウ　After doing volunteer work, Yuka enjoyed planting trees.

エ　Some people plant trees to make the air clean.

(7) 次の質問に対して，あなたならどう答えますか。ただし，本文で<u>述べられていること以外の</u>ことを書きなさい。

What can you do to save the earth?

(1)	(2)	(3)

(4)
(5) ①
②

(6)	

(7)

模擬学力検査問題　第2回

制限時間：	配点：	目標：
40 分	100 点	80 点
得点：		点

答えは決められた解答欄に書き入れましょう。1と2は，音声を聞いて答える問題です。英語は2回読まれます。

1

52 対話文とその内容についての質問が読まれます。質問の答えとして適するものを**ア〜エ**の中から選び，記号で答えなさい。 (3点×3)

(1)

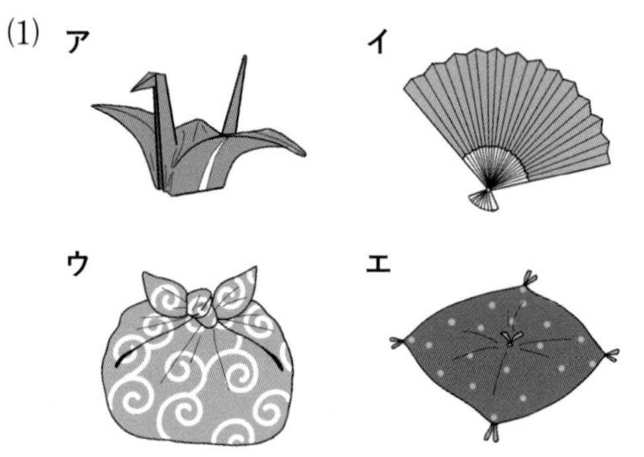

(2)

(3)

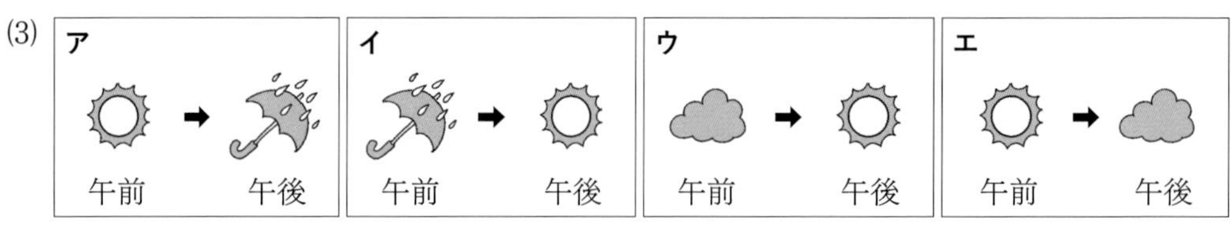

(1)	(2)	(3)

2

53 2人の対話が読まれます。対話の最後の発言に対する応答部分でチャイムが鳴ります。このチャイムのところに入る表現として適するものを**ア〜エ**の中から選び，記号で答えなさい。 (3点×3)

(1) **ア** How about Saturday?　**イ** You're welcome.
ウ Here you are.　**エ** I'd love to.

(2) **ア** You can use your sister's.　**イ** I'll be there with you.
ウ Thank you.　Here you are.　**エ** Be careful when you go to the mountains.

(3) **ア** I hope you come to Tokyo.　**イ** Enjoy your trip.
ウ My father visited many places.　**エ** Did you stay in Hokkaido?

(1)	(2)	(3)

解答　別冊 p.33

3

次の対話文や英文の（　　）に適する語句をア～エの中から選び，記号で答えなさい。(3点×3)

(1) *A:* Oh, I forgot my dictionary. (　　　) I use yours?
B: Sure. Here you are.
ア Shall　イ Must　ウ Should　エ May

(2) *A:* What are the languages (　　　) in Canada?
B: English and French.
ア to speak　イ spoke　ウ spoken　エ speaking

(3) If I were you, I (　　　) say such a thing.
ア won't　イ wouldn't　ウ don't　エ can't

(1)	(2)	(3)

4

次の〔　〕内の語(句)を並べかえて，正しい英文を完成しなさい。(6点×3)

(1) *A:* I have to prepare for the party on Sunday. I〔you / help / to / me / want〕.
B: OK. What should I do?

(2) I gave〔a T-shirt / Hawaii / her / in / bought / I〕.

(3) *A:* Look. That tower is very tall. Do〔know / tall / you / is / how / it〕?
B: No, I don't.

(1)
(2)
(3)

5

次の対話文を読み，ミキ(Miki)さんになったつもりで，［①］，［②］に入る英文を自由に書きなさい。ただし，それぞれ5語以上で，符号（. , ! ? など）は語数に含めません。

(7点×2)

James: I want to try something new in high school such as a new sport or volunteer work. How about you? What do you want to do in high school?
Miki : ［①］
James: Why?
Miki : ［②］

①
②

6 次の対話文を読んで，あとの(1)〜(6)の問いに答えなさい。 ((1)4点×2, (2)4点, (3)(5)7点, (4)5点, (6)5点×2)

〔Alice is visiting Kumi's house.〕

Kumi: Hi, Alice. Welcome to my house!

Alice : Hello, Kumi. Thank you very much for inviting me today.

Kumi: [①]

Alice : Yes, please. Can I have some green tea?

Kumi: Do you like green tea? I'm surprised.

Alice : Yes. I often drink green tea. I like Japanese food and culture. I want to be able to speak Japanese.

Kumi: Oh, [②]? I do, too. I mean I want to speak English well, but I don't.

Alice : ③Yes, you do. I think your English is good.

Kumi: Thanks a lot. I like studying it, but ④〔 is / for / English / to / it / me / speak / difficult 〕. Last weekend, I went shopping at the mall with Sakura. When we got to the station, a foreign woman spoke to us in English.

Alice : Really? What did she say?

Kumi: At first, we didn't understand what she said because her English was fast for us. So I said, "Slowly, please."

Alice : I see.

Kumi: She asked us the way to a temple. At school, we (⑤) studied how to tell someone the way to somewhere, but we couldn't speak well. There was a map in the guidebook the woman had, so we used it. We pointed at the map and said, "We are here. Go this way .... Turn right at the post office. It will be on your left."

Alice : Did she understand the way?

Kumi: Yes. But my English wasn't good and that made me sad.

Alice : I think you did well. You don't (⑤) to speak perfectly. But I understand your feelings. Maybe you need more chances to speak English. Why don't you listen to English and repeat it? It's a good way to learn how to speak.

Kumi: That's a good idea. I'll try that, and I have another idea! There are some famous places in this city. I'll show you around the city next week. Then, you can enjoy sightseeing and I can use English a lot.

Alice : Oh, that sounds good! Can you sometimes talk to me in Japanese? Then I can learn Japanese, too.

Kumi: Sure.

（注）green tea：緑茶　mall：ショッピングモール　somewhere：どこか　guidebook：ガイドブック

(1) ［ ① ］，［ ② ］に適する文や語句を**ア**～**エ**の中から選び，記号で答えなさい。

① **ア** Can I have something to drink?

イ What do you want to do?

ウ Shall I introduce you to my mom?

エ Would you like something to drink?

② **ア** are you　　**イ** do you

ウ is it　　**エ** does it

(2) 下線部③の英文の意味として適するものを，**ア**～**エ**の中から選び，記号で答えなさい。

ア はい，あなたは英語が上手ではありません。

イ はい，あなたに英語の話し方を教えます。

ウ いいえ，あなたは英語を上手に話します。

エ いいえ，あなたは英語が上手だとは思っていません。

(3) 下線部④の〔　　〕内の語を並べかえて，正しい英文を完成しなさい。

(4) 2つの（ ⑤ ）に共通して入る英語1語を答えなさい。

(5) アリス(Alice)さんはクミ(Kumi)さんに，英語が上達する方法としてどんなことを提案していますか。日本語で説明しなさい。

(6) 本文の内容に合うものを，**ア**～**オ**の中から2つ選び，記号で答えなさい。

ア Alice invited Kumi to her house.

イ Alice can't speak Japanese.

ウ Kumi was sad because the woman didn't understand her.

エ Kumi wants Alice to be interested in teaching English.

オ Alice and Kumi will visit some famous places in the city.

(1) ①	②	(2)
(3)		
(4)		
(5)		
(6)		

高校入試 — 合格BON!

わかるまとめと
よく出る問題で
合格力が上がる

英語

編集協力：宮崎史子，小縣宏行，上保匡代，佐藤美穂，水島 郁，脇田 聡，森田桂子
英文校閲：Joseph Tabolt，Edwin Lewis Carty　勉強法協力：梁川由香
カバー・キャラクターイラスト：茂苅 恵　イラスト：下田麻美
録音：一般財団法人英語教育協議会（ELEC），Dominic Allen，Karen Haedrich，Josh Keller，Rachel Walzer，桑島三幸
アートディレクター：北田進吾
デザイン：畠中脩大・山田香織（キタダデザイン）・堀 由佳里
DTP：（株）明昌堂 データ管理コード 21-1772-0743（CC2020）

この本は下記のように環境に配慮して製作しました。
・製版フィルムを使用しないCTP方式で印刷しました。
・環境に配慮して作られた紙を使っています。

①

高校入試

合格

GOUKAKU

BON!

わかるまとめと
よく出る問題で
合格力が上がる

別冊

ENGLISH

英語

＊軽くのりづけされているので、外してお使いください。

Gakken

高校入試実戦力アップテスト

解答と解説

UNIT 1　be 動詞　p.10 - 11

1 (1) ウ　(2) エ　(3) イ　(4) イ
2 (1) is　(2) were　(3) was
3 (1) Is your school near here(?)
(2) game is very interesting to
(3) It is very hot in
(4) I was in the first grade
4 エ
5 例 (1) Are you free now?
(2) I was a member of the[a] volleyball team.
(3) My grandfather's house is near a[the / my / our] school.

解説

1 (1) 主語の they が複数で，last year（昨年）から**過去の文**なので，Were が適切。
(2) Sam and Andy は複数なので，are が適切。
(3) this question は単数で，あとに形容詞の easy（簡単な）があるので，is が適切。
(4) 主語が you で，あとに形容詞の excited（わくわくした）があるので，Are が適切。
ミス対策 **be 動詞を正しく使い分けられるようにしておくこと。主語の人称・数と，現在か過去かによって，am，are，is，was，were を使い分ける。**

2 (1) 2 文目の She practices 〜から現在だとわかる。主語の The best player が単数なので，be 動詞は is が適切。
(2) 主語の My mother and sister は複数で，文の後半に couldn't（〜できなかった）があることから，過去の文。be 動詞は were が適切。直前の sister につられて was としないように注意。
(3) あとに on March 12, 2011 と過去を表す語句があることから，is を過去形の was にする。

3 (1) 文末に「?」があることから疑問文に。be 動詞 is で文を始める。「あなたの学校はこの近くにありますか」。
(2) a や an がないことから，That ではなく，That game が主語になることに注意。「そのゲームは私にはとてもおもしろいです」。
(3) **寒暖や天気をいう文では It を主語**にする。「居間はとても暑いです」。
(4) be in the 〜 grade で「〜年生である」。「私が 1 年生だったときに，両親がそれを私にくれました」。

4 1 文目でトムがボブに this is 〜（こちらは〜です）と言って，由紀を日本からの交換留学生だと紹介しており，最後のボブと由紀のやり取りから今オーストラリアにいることがわかるので，**ア**と**イ**は内容と合う。ボブと由紀が Nice to meet you.（はじめまして。）と初対面のあいさつをしていることから，**ウ**も合う。最後のボブと由紀の会話から，由紀がオーストラリアを訪れたのは今回が初めてだとわかるので，**エ**が合わない。

対話文の意味

トム：ボブ，こちらは由紀だよ。由紀はぼくたちの学校の新入生なんだ。彼女は日本からの交換留学生だよ。
ボブ：えっ，本当？　ぼくは日本が大好きだよ。はじめまして，由紀。
由紀：こちらこそ，はじめまして。
ボブ：オーストラリアは今回が初めて？
由紀：うん，そうだよ。ここに来られてうれしいの。オーストラリアはとてもすてきな場所だね。

5 (1)「あなたは今ひまですか」と考える。疑問文なので，**be 動詞で文を始める。**
(2)「〜の一員」は a member of 〜。I が主語で過去の文なので，was を使う。
(3)「(〜に)ある・いる」も be 動詞で表す。「〜の近くに」は near 〜。
ミス対策 **英作文の問題では，日本語で主語が与えられていないこともある。英語にするときには何を主語にするかを考えて，文を作ること。**

UNIT 2　一般動詞(現在)　p.14 - 15

1 (1) ウ　(2) ア　(3) イ
2 (1) walks　(2) has　(3) does
3 (1) goes　(2) don't　(3) Where do
4 (1) club has twelve members
(2) do you think of my
5 (1) エ　(2) イ

6 例 (1) **I think so, too.**
(2) **My brother studies[is studying] science in the U.S.[America.]**
(3) **My grandfather and I often walk his dog together.**

解説

1 (1) 主語の She は 3 人称単数で，now があるので現在の文。3 単現（3 人称単数現在形）の teaches が適切。
(2) **doesn't のあとの動詞は原形。**
ミス対策 **一般動詞の否定文や疑問文では，主語が 3 人称単数でも動詞は原形を使う。**
(3) 主語は your music class で単数。あとに start（始まる）があるので，一般動詞の疑問文。does が適切。

2 (1) A が How does ～? とたずねているので，現在の文。主語が She なので，動詞は 3 単現に。
(2) 現在の自分の町のことで，主語の My town が単数なので，have を **3 単現の has** にする。
(3) A の発言が Who takes ～? と現在の文なので，答えも現在の文に。主語が 3 人称単数なので，do は 3 単現の does にする。この does は takes care of the flowers をくり返す代わりに使われている。

3 (1) Where does he go ～?（彼はどこへ行きますか。）と現在の文でたずねているので，go を使い現在の文で答える。主語が He なので，goes に。
(2) **Do ～? には do（don't）を使って答える。**
(3) あとの応答から，「彼らはどこに住んでいますか」という文に。**Where（どこ）で始め，一般動詞の疑問文を続ける。**

4 (1) Our club を主語にして，あとに動詞 has，目的語 twelve members を続ける。「私たちの部には 12 人のメンバーがいます」。
ミス対策 **主語が何かの判断が重要。Our club members だと複数なので，has の主語にはならない。**
(2) What で始まっているので，疑問文の形を続ける。与えられている語から do you ～? にする。think of ～で「～のことを考える」。「あなたは私の考えをどう思いますか」。

5 (1) Do ～? への応答なので，do を使った応答が適切。
(2) 前で the girl holding a racket is my sister（ラケットを持っている女の子が私の姉[妹]です）と言っているので，**イ**「彼女はテニスをするのが好きなのですか」が適切。

6 (1)「そう思う」は think so。
(2) 主語が 3 人称単数なので，動詞は 3 単現にする。study の 3 単現は y を ies にして **studies**。
(3) often（しばしば）など頻度を表す副詞は，ふつう一般動詞の前，be 動詞のあとに入れる。「～を散歩させる」は walk。take ～ for a walk でもよい。

UNIT 3　一般動詞（過去）　p.18 - 19

1 (1) **イ**　(2) **エ**　(3) **ウ**　(4) **イ**
2 (1) **went**　(2) **chose**　(3) **bought**　(4) **broke**
3 (1) **took**　(2) **ate[had]**
4 (1) **エ**　(2) **ウ**
5 (1) **watched a TV program about Shiretoko**
(2) **did his homework after dinner**
6 例 (1) **I went to Yamanaka City with my family by train.**
(2) **I was[got] very tired, but I shared a good time with them.**
(3) **It snowed a lot last Sunday. / We had a lot of snow last Sunday.**

解説

1 (1) Yesterday（昨日）とあるので過去の文。make の過去形 made が適切。
(2) did you ～? は過去の疑問文。応答も過去の文に。leave（～を出る・去る）の過去形 left が適切。
(3) 動詞 work があり，文末に yesterday があるので，過去の一般動詞の疑問文。**Did で始める。**
(4) 過去形の had があるので過去の文。last week で「先週」。**last は「この前の」**という意味。

2 (1) had to ～（～しなければならなかった）があるので過去の文。go の過去形は **went**。
(2) Last year（昨年）があるので過去の文。choose（選ぶ）の過去形は **chose**。
ミス対策 **yesterday，last ～，～ ago などがあれば，動詞は過去形にする。語形を問う問題では不規則動詞がよくねらわれる。1 語ずつ確実に覚えよう。**
(3) last week があるので過去の文。buy の過去形は **bought**。
(4) A の発言は「この CD プレーヤーが動きません」という意味。これを受けて「また壊れました」とするのが適切。break（壊れる）の過去形 **broke** に。

3 (1) メモに合うように「私たちはこの写真を昨年東京で撮りました」という文にする。「(写真を)撮る」は take で，過去形は **took**。

(2) What did you eat ～?（あなたは何を食べましたか。）とたずねているので，eat の過去形 **ate** を使って答える。had でもよい。

4 (1) 直後の応答が No. なので，When ～? や How ～? の**イ**や**ウ**は不適切。No. のあとの「来たかったが来られなかった」から，**エ**が適切

(2) 直前は Who が主語の過去の疑問文。「だれがこんなに大きな魚をつったのですか」の意味。「私です（私がつりました）」という応答の**ウ** I did. が適切。この did はここでは caught it の意味で，caught を**くり返す代わりに**使われている。

5 (1) watched のあとに目的語 a TV program about ～（～についてのテレビ番組）を続ける。「私は数週間前に知床についてのテレビ番組を見ました」。

(2) did と homework があることに注目。did his homework で「彼の宿題をしました」。この did は動詞 do（する）の過去形。「私の兄[弟]は昨日，夕食後に宿題をしました」。

6 (1)「～へ行きました」は go の過去形 went を使って went to ～で表す。交通手段を表して「～で」は by ～。

(2)「とても疲れた」は be 動詞または get（～になる）の過去形を使って表す。「～を分かち合う」は share を使う。過去形は d をつける。

(3)「雪がたくさん降った」は，動詞 snow の過去形を使って，It snowed a lot ～. と表す。天気を表す文では，it を主語にする。また，「(当地では) 雪をたくさん持った」と考えて，We had a lot of snow ～. と表すこともできる。

UNIT 4　名詞・冠詞・代名詞　p.22 - 23

1 (1) イ　(2) イ　(3) ア　(4) ウ　(5) イ　(6) ウ
2 (1) (d)ictionary　(2) (l)ibrary
3 (1) his　(2) memories　(3) mine　(4) children
4 (1) name　(2) It　(3) December
5 エ

解説

1 (1)「オーストラリアの人々はたいてい～で日本に来る」という文なので，plane（飛行機）が適切。

(2) あとの of this fish につなげて「この魚の名前」となる。この「名前」は1つに**限定されるので，the を使う**のが適切。

(3) 直前の both of ～は「～の両方」。「～」には複数を表す語句がくる。ここでは対話冒頭の These bananas and oranges を指す them が適切。

(4)「もし音楽を演奏できたら，私は人々に会う～をもっと得るでしょう」という文。chances（機会，チャンス）が適切。

(5)「それは私のではなくて，～だと思います」という文。1語で「彼のもの」を表す his が適切。

(6)「私はこんなに大きなもの（マグロ）を見たことがありません」という文。**前に出た名詞をくり返す代わりに使う代名詞 one** が適切。ここでは tuna の代わりに使われている。

ミス対策　one は前に出た名詞の同種類のもの，it は前に出た名詞そのものを指す。ちがいに注意。

2 (1) 直前の「いくつかの日本語の単語が何を意味するかを知りたいです」という内容と，d で始まる語であることから，dictionary（辞書）が適切。文字数も手がかりになる。

(2)「～に行って本を何冊か借りました」という内容と，l で始まる語であることから，library（図書館）が適切。

3 (1) すぐあとに songs があることに注目する。**あとに名詞が続くときは，代名詞は「～の」を表す形（所有格）**にする。he は his に。

(2) 前に many があるのであとにくる名詞は複数形に。memory の複数形は語尾の y を ies にする。

(3) A が「これらはジェーンのノートですか」とたずねて，B は No. と答え，そのあと「それらは～です」と言っている。空所のあとに名詞がないので，**「私のもの」を表す mine** が適切。

ミス対策　所有を表すときの代名詞の使い分けに注意。あとに名詞があるときは my など「～の」を表す形（所有格），名詞がないときは mine など「～のもの」を表す代名詞（所有代名詞）を使う。

(4) How many のあとにくる名詞は複数形。child の複数形は不規則に変化して **children**。

4 (1) 直後で Jenny が名前を答えていることに注目。

May I have ～(, please)? で「～をもらえますか」という意味。name（名前）を入れて，「お名前をいただけますか」となる。

(2) was rainy（雨だった）が続いているので，**天気を述べるときの主語 it** が適切。

(3) 前で Takuya が「元日のちょうど 1 日前です」と言い，Jane は「それは～31 日という意味ですか」と言っている。December（12 月）が適切。

5 that を含む文は「それはごみを減らす方法の 1 つだと思います」という意味。その前の部分では，Robin が，不要品として出そうと思っている雑誌について，英語を勉強している Yuta に持っていってよいと言っている。この流れから，**エ**「ほかの人が必要としないものを再利用すること」が適切。

対話文の意味

ユウタ：市がぼくたちが必要としない物を集めるの？
ロビン：その通り。ぼくはシティパークに自分の雑誌を持っていくつもり。
ユウタ：もし運ぶ雑誌がたくさんあるなら手伝うよ。
ロビン：ありがとう。あ，待って。君は英語を勉強しているから，もしほしいなら雑誌の何冊かを持っていっていいよ。
ユウタ：本当？　それらを読むことで自分の英語を上達させられるよ。それってごみを減らす方法の 1 つだと思うな。
ロビン：その通りだね。

UNIT 5　形容詞・副詞　p.26 - 27

1 (1) **エ**　(2) **イ**　(3) **ア**　(4) **イ**　(5) **エ**
2 (1) (**f**)**avorite**　(2) (**t**)**hirsty**　(3) (**u**)**sually**　(4) (**t**)**raditional**
3 (1) **エ**　(2) **ア**　(3) **エ**
4 (1) **ア**　(2) **surprised**　(3) **エ**

解説

1 (1) あとに「あの赤ちゃんが眠っています」とあるので，「ジョン，静かにして」となるように quiet（静かな）を入れるのが適切。

(2)「～雨が降っているので私は出かけません」という文。still（まだ）を入れるのが適切。

(3)「～に見えるメンバーを見ると，彼は『大丈夫？』とたずねたり，『休憩していいよ』と言ったりした」という文。「彼」が言った言葉を手がかりに tired（つかれた）を選ぶ。

(4) 直後に a beautiful shrine が続いていることに注目。**〈such a[an]＋形容詞＋名詞〉で「そんな[こんな]～な…」**という意味を表す。

ミス対策 **such は語順に注意が必要な形容詞。a[an]の前にくることに注意。**

(5) be famous for ～で「～で有名である」という意味を表す。

2 (1) 前の「あなたは何の教科が好きですか」という問いから，favorite（大好きな）が適切。

(2) 前の「私は今朝から何の飲み物も飲んでいない」から，thirsty（のどのかわいた）が適切。

(3) 前の「あなたは日曜日には何をしますか」という問いと，play の前にある語であることから，usually（たいてい）が適切。**頻度を表す副詞は be 動詞・助動詞のあと，一般動詞の前**にくる。

(4) 前で「おせちとは何ですか」と問われ，「～な日本の食べ物の 1 つです」と答えていることから，traditional（伝統的な）が適切。

3 (1)「(今から)～前に」は before ではなく ago。

(2) excited は「わくわくした」という意味で，人の感情を表す。ここでは主語が The game なので，exciting（わくわくさせる）が適切。

(3) few の直後の money は数えられない名詞。**few は数えられる名詞に使う**ので，ここでは**数えられない名詞に使う little** が適切。

4 (1)「もしあなたがそれをラッピングに使うなら，あなたは～よいプレゼントを見つけるべきです」という意味。あとが単数名詞であることと，選択肢の意味から another（もう 1 つの，別の）が適切。

対話文の意味

ニック：いい考えがある！　ぼくはてぬぐいを，君のお弁当箱のようにプレゼントを包むのに使いたいんだ，ユウタ。プレゼントを開けたあとにてぬぐいをどう使うかを考えるのは，ぼくの家族にとって楽しいだろう。
ユウタ：賛成だよ。でもきみがそれをラッピングに使うなら，別のいいプレゼントを見つけるべきだよ。
ニック：ああ，しまった…。

(2) 空所を含む文は「筆者は…というニュースを聞いて～だった」という意味。前の英文本文に surprising news とあることから，The writer という主語に合う surprised（おどろいて）が適切。

英文の意味

インターネットにおどろくニュースがあった。それは「ユーチューバー」は日本の中学生男子にもっとも人気の職業の1つだと述べていた。

(3) 空所を含む文は「たとえば，そうした地域の気温は，海や湖のない地域の気温より～変化する傾向がある」という意味。前文までの「水はすぐに熱くなったり冷えたりせず，それは海や湖が近い地域の気温の変化に影響する」という内容から，「(気温は)ゆっくり変化する」となる slowly が適切。

英文の意味

ほかの液体と比較すると，水はすぐに熱くなったり冷たくなったりしない。この性質は海や湖に近い地域の気温の変化に影響する。たとえばそうした地域の気温は，海や湖のない地域の気温よりゆっくり変化する傾向がある。

UNIT 6　進行形 p.30 - 31

1 (1) **ウ**　(2) **ア**　(3) **ア**　(4) **イ**
2 (1) **looking**　(2) **were (r)unning**　(3) **looking**
3 (1) **enjoying**　(2) **making**　(3) **showing**
4 **ア**
5 (1) **My sister was writing a letter**
(2) **What are you cooking(?)**
(3) **were taking care of small children**

解説

1 (1) 前に be 動詞 is があるので ing 形を続けて進行形の文にする。

(2) 主語は One of ... yesterday（私が昨日買った鳥の1羽）で単数。また，now があるので現在の文。is が適切。

ミス対策 **be 動詞は主語と時に注意して使い分ける。ここでは直前の yesterday につられて was を選ばないように。この yesterday は主語を修飾しているまとまりの一部で，文全体は現在。**

(3) 主語は Tom and his friends で複数。文末に now があることから，現在進行形の are playing が適切。

(4) 前で Was he reading ...? と過去進行形でたずねている。**エ**も過去進行形だが，直前で No. と答えていることから不適切。

2 (1)「ちらしを見ながら会話している場面」とあるので，look at ～（～を見る）を使った現在進行形の文にする。

(2) Yesterday とあることから過去について話している。また，あとに a city marathon（シティマラソン）とあることと，r が与えられていることから，「多くの人が道で走っていた」となる were running が適切。**run の ing 形は最後の n を重ねて ing。**

(3)「募集している」を「さがしている」と考えて，look for ～を使った現在進行形の文にする。

3 (1) 前の「国語と社会が少し難しいけれどおもしろい」から，enjoy（楽しむ）を選び ing 形にして，「私はそれらを楽しんでいる」とする。

(2)「今，いくつかの国が 1,000 メートル以上の建物を持つ計画を～」という意味。plan（計画）を目的語にする動詞は make が適切。前に are があるので ing 形にして現在進行形の文に。

(3) 前の「何をしているのですか」への応答。対話の冒頭の「それは何？―これは望遠鏡だよ」というやり取りから，show（～に…を見せる）を選び ing 形にして，「私はマイクにこの望遠鏡を見せているところです」という文に。

4 あとの Ayaka の応答が「彼らはカップに絵をかいています」であることから，**ア**「彼らは何をしているのですか」が適切。

5 (1) writing と was があることから，過去進行形の文に。my sister を主語にする。「私の姉[妹]は英語で手紙を書いていました」。

(2) **What で始めて，あとに疑問文の形を続ける。be 動詞を主語の前に**おく。「あなたは何を料理しているのですか」。

(3) were と taking から過去進行形の文。take care of ～で「～の世話をする」。「何人かの生徒が小さな子どもたちの世話をしていました」。

UNIT 7　未来の文 p.34 - 35

1 (1) **ウ**　(2) **ウ**　(3) **イ**　(4) **ア**
2 (1) **ウ**　(2) **エ**
3 (1) **be free in the afternoon**
(2) **long are you going to stay**
(3) **am going to cook dinner**

4 例 **What will you do / What are you going to do**
5 ①**イ** ②**ア** ③**ウ**
6 例 (1) **Where will you go?**
(2) **He is going to take a picture.**

解説

1 (1) 前に I'm，あとに to があることから，未来を表す **I'm going to ～.** の文にする。
(2) He'll は He will の短縮形。**will に続く動詞は，主語が 3 人称単数でも原形。**
(3) 主語の Misa and I は複数なので，are が適切。
(4) tomorrow（明日）があるので未来の否定文にする。**won't は will not の短縮形。**

2 (1) A が「私たちはもう行かなくてはいけない」と言い，B は「わかっているけど，まず飲み物を買いたい。だから先に行って」と言っている流れから，**ウ**「すぐにあなた(たち)に加わります」が適切。
(2) 直後で Yuka が「何人かの小学生が私たちの学校を訪れます。私たちのクラブのメンバーは彼らといくつかの活動をします」と答えていることから，**エ**「あなたたちはイベントで何をするのですか」が適切。

3 (1) 前の I'll は I will の短縮形。will のあとには動詞の原形がくる。be 動詞の原形 be を続け，そのあとに free（ひまな）を続ける。「私は明日の午後はひまです」。
(2) how のあとに long を続けて how long（どのくらい長く）とする。そのあとに疑問文の形 are you going to ～? を続ける。「ああ，あなたはここにどれくらい滞在する予定ですか」。
(3) 与えられた語から am going to を作り，残った語句で cook dinner を作ってあとに続ける。「私は今夜，夕食を料理するつもりです」。

ミス対策 **並べかえの問題で going と to があれば，未来の文か，「～へ行くところだ」の意味の進行形の文かを考えよう。動詞の原形があれば未来の文，動詞の原形はなく場所を表す語句があれば進行形。**

4 David が「午前中は図書館に行きます」と答えていることから，「あなたは次の日曜日に何をしますか」と予定をたずねる文にする。What で始めて，疑問文の形を続ける。**will を使うなら will を，be going to を使うなら be 動詞を主語の前に**おく。Where will you go ～などでもよい。

5 まず A は，自分といっしょに野球の試合に行かないかと誘っている。それへの応答として，**ウ**もよさそうに思えるが，時間の話が出ていないのに「遅れる」というのは流れに合わない。**イ**「うん，でも 2 時まで部活がある。試合は何時に始まる？」が適切。そのあとには時刻を答えている**ア**「5 時に始まる。3 時に駅で待ち合わせようか」が続き，**ウ**「わかった！ もし遅れるなら電話するね」が最後にくる。

6 (1)「あなたはどこへ行こうとしていますか」は，Where で始めて，will の疑問文を続けるとよい。進行形を使って Where are you going?（どこへ行くところなのですか）などでもよい。
(2) 問いの文の意味は「カメラを持った男の子を見てください。彼は何をしようとしていますか」。絵の男の子は写真を撮っていることを思いうかべているので，「彼は写真を撮ろうとしています」などと答える。be going to で問われているので be going to で答えるとよい。

UNIT 8 疑問詞 p.38 - 39

1 (1) **イ** (2) **エ** (3) **ウ** (4) **ア**
2 (1) **many，Where** (2) **Who** (3) **How much**
3 (1) **エ** (2) **イ**
4 (1) **How is the weather in**
(2) **Which color is popular**
5 例 **Why did you go there?**
6 例 (1) **How is your school life in Japan?**
(2) **What are you going to do after school? / What will you do after school?**

解説

1 (1) on August 11（8 月 11 日に）という応答から，**時をたずねる When（いつ）**が適切。
(2) It's mine.（それは私のです）という応答から，**持ち主をたずねる Whose（だれの）**が適切。
(3) He's seventeen.（彼は 17 歳です）という応答から，**年齢をたずねる How old（何歳）**となるようにする。
(4) It's good. I like it very much.（いいです。私はそれがとても気に入っています）という応答から，感想をたずねる疑問文に。**What do you think about[of] ～?** で「あなたは～についてどう思いますか」。

（ミス対策） 日本語は「どう思いますか」でも，英語では How ではなく What でたずねることに注意。

2 (1) 1つ目の応答 Two から，**数をたずねる How many（いくつの）**となるようにする。2つ目の応答 Near ～（～の近く）から，**場所をたずねる Where（どこ）**が適切。

(2) 応答で「私たちが教室，図書室…を掃除します」と言っていて，空所のあとが疑問文の形ではなく cleans ～（～を掃除する）となっていることから，**Who（だれ）が主語の疑問文**「だれが学校を掃除するのですか」とする。

(3) It's two hundred yen.（それは200円です）という応答から，**金額をたずねる How much（いくら）**が適切。

（ミス対策） 語句を選ぶ場合も，空所をうめる場合も，まずは応答に注目して，適切な疑問詞を考える。

3 (1) 前で「どこで待ち合わせますか」とたずねている。at the station（駅で）と答えている**エ**が適切。

(2) It is a *kotatsu*.（それはこたつです）という応答から，**イ**「それは何ですか」が適切。

4 (1)「今日の東京の天気はどうですか」という文に。天気をたずねるときは How is the weather ～? という。

(2) Blue is popular.（青が人気です）という応答と与えられている語から，Which color（どの色）で始めて，これを主語にした疑問文に。「この店ではどの色が人気ですか」。

5 前の「先週，和歌山に行きました」と，あとの Because ～.「～だから」という応答から，「あなたはなぜそこ（和歌山）へ行ったのですか」という文が適切。**「なぜ」は Why**。そのあとに did you ～? という疑問文の形を続ける。

6 (1)「～はどうですか」と**様子をたずねるときは How is ～? を使う**。Is your school life in Japan OK?（あなたの日本での学校生活は大丈夫ですか）などでもよい。

(2) 未来の疑問文で「あなたは放課後，何をする予定ですか[何をしますか]」とたずねるとよい。What で始めて，あとに be going to や will の疑問文の形を続ける。

UNIT 9 助動詞①

p.42 - 43

1 (1) イ (2) エ (3) ア
2 (1) ア (2) イ (3) エ
3 (1) Can you use (2) had to
4 (1) must not drink
(2) I was able to answer
(3) We don't have to clean
5 ウ
6 例 (1) Where should I bring[take] them?
(2) Do I have to be at home? / Must I be at home?

（解説）

1 (1) **must（～しなければならない）**を選び，「私はもう帰らなければなりません」とする。

(2) 文後半の「するべきことがたくさんあったので」から，**couldn't（～できなかった）**を選び，「私は長い時間は眠れなかった」とする。

(3) **助動詞のあとの動詞は原形**なので，see が適切。

2 (1) 前が「たぶんあなたはかぜをひいているよ」で，あとの応答が「ありがとう，アキコ。そうするよ」という流れから，**ア**「あなたはもう家に帰ったほうがいい」が適切。**should は「～すべき，～したほうがよい」**。

(2) 前で B が「私のコンピューターはこわれている」と言い，あとでは「ありがとう」と応答している流れから，**イ**「あなたは私の家で私のコンピューターを使っていいよ」が適切。

(3) 前で Sara が自分といっしょに図書室へ行ってくれないかと頼んでいるのに対して，Sorry と断っている流れから，**エ**「私たちは今はそこへ行けない」が適切。直後で行けない理由を述べている。

3 (1) **「～できますか」は Can で始める**。

(2) **「～しなければならなかった」は had to ～**。must の過去形はないので have to ～の過去形を使う。

4 (1) **must not（～してはいけない）**のあとに動詞 drink を続ける。「あなたはこの部屋では飲み物を飲んではいけません」。

(2) 与えられた語から **was able to ～（～することができた）**をつくる。あとに続ける動詞は answer（答える）。「私はほとんどすべての問題に答えることができました」。

(3) 与えられた語から **don't have to ～（～する**

必要はない）をつくる。あとに続ける動詞はclean（掃除する）。「アメリカでは私たちは教室を掃除する必要はありません」。

ミス対策 **mustもhave toも「〜しなければならない」という意味だが，否定文では意味が異なることに注意。must notは「〜してはならない」，don't have toは「〜する必要はない」。**

5 あとの「たとえば，私たち人間は毎日およそ1.5リットルの水を飲む必要がある」から，**ウ**「水なしでは生きることができない」が適切。**ア**「しばらく水を飲むべきではない」，**イ**「水中に自分の家を作るべきだ」，**エ**「さまざまな方法で水を見つけることができる」。

英文の意味

水は地球上のすべての生き物に必要です。地球上の生き物は水なしでは生きることができません。たとえば，私たち人間は毎日およそ1.5リットルの水を飲む必要があります。

6 (1)「〜すればよいですか」は「〜すべきですか」と考えて，shouldを使うとよい。Whereで始めて，should I 〜? を続ける。

(2)「〜しなければなりませんか」はmustまたはhave toの疑問文で表すとよい。Must I 〜? またはDo I have to 〜? とする。「家にいる」はbe (at) homeやstay (at) homeなど。

UNIT 10 助動詞②・命令文など

p.46 - 47

1 (1) ウ (2) イ (3) ア
2 (1) **we** (2) **Don't** (3) **course**
3 (1) ア (2) ア (3) ア (4) エ
4 (1) **Be kind to other**
(2) **why don't we go fishing**
5 例 (1) **Let's have lunch. / Shall we have lunch?**
(2) **What time shall we meet**

解説

1 (1) **Shall I 〜?**（**〜しましょうか**）と申し出る表現で「あなたを手伝いましょうか」という文に。

(2) あとが形容詞careful（注意深い）であることから，**Be 〜.**（**〜でありなさい**）という**be動詞の命令文**で「注意してください」と表す。

(3) 前では，何か他にすべきことを教えてくれるよう助言を求めている。**Why don't you 〜?**（**〜してはどうですか**）という提案の表現が適切。「世界で何が起こっているかを知るために新聞を毎日読んだらどうですか」。

2 (1) あとの**Yes, let's.**（**はい，そうしましょう**）という応答から，**Shall we 〜?**（**〈いっしょに〉〜しましょうか**）とするのが適切。

(2) 前が「明日，私たちはハイキングに行きます」で，空所のあとには「あなたの昼食を忘れる」とあることから，**Don't 〜.**（**〜してはいけません**）という否定の命令文で「あなたの昼食を忘れないで」とする。

(3) **Can you 〜?で「〜してくれますか」**という意味。**of course**（**もちろん**）と応答するのが適切。

ミス対策 **定番の応答の表現も問われやすい。Sure., Of course., No problem.など，よく使われるものは覚えておくこと。**

3 (1) 母「準備できた？」→娘「何を着るべきか決められない」という会話があり，空所のあとには「11時に出発しなくちゃ」とある流れから，**ア**「そう，遅くならないで」が適切。Don't be 〜. はbe動詞の否定の命令文。

(2) 前が「わあ，とてもおいしい」で，あとでは「もちろん」と応答している流れから，**ア**「もう1切れもらってもいいですか？」が適切。**May I 〜?で「〜してもいいですか」**。

(3) 前ではマークの両親が，マークが家にラケットを忘れたが部活で必要だと思うということを話している。その流れから，**ア**「それを彼のところへ持っていってくれない？」が適切。**Can you 〜?で「〜してくれますか」**。

ミス対策 **直後の応答だけではどの文を選ぶべきか決められない場合もある。前からの流れや，選択肢のそれぞれの文の内容も注意して読むこと。**

(4) 前の「学校祭でケーキを作りましょう」という提案に対し，空所のあとでは「あなたの案を料理部の他の生徒に伝えます」と応じているので，同意を示す**エ**「よさそうですね」が適切。

4 (1) 主語になる語がないことと，与えられた語から，Be kind to 〜（〜に親切でありなさい）を作る。「彼は『ほかの人に親切にしなさい。もしあなたが彼らを助けたら，彼らはいつかあなたを助けてくれるでしょう』と言いました」。

(2) 与えられた語から**why don't we 〜**（**〈いっしょに〉〜しませんか**」を作る。「では，いっしょにつりに行きませんか」。

5 (1) 前が「とてもおなかがすいたな。正午近いよ」で，あとの応答が Yes, let's.（はい，そうしましょう）であることから，「昼ご飯を食べましょう」などが適切。Let's ～.（～しましょう）や Shall we ～?（〈いっしょに〉～しましょうか）などを使うとよい。

(2) 前が「私も同じ電車に乗るよ」で，あとの応答が「8時はどう？」であることから，「彦根駅で何時に待ち合わせようか」などが適切。What time で始めて，shall we meet などを続けるとよい。

UNIT 11 いろいろな文 p.50 - 51

1 (1) イ　(2) ウ　(3) ア　(4) ウ　(5) ウ　(6) ウ
2 (1) エ　(2) ウ　(3) イ
3 (1) **taught me important things**
(2) **he'll become a famous singer**
(3) **made me interested in recycling**
(4) **How many members are there**
(5) **My father gave it to me**
(6) **send me the book after**
4 例 (1) **There are a lot of pictures[photos] of my grandfather's dog in his house.**
(2) **Can[Could] you show me your notebook?**

解説

1 (1) あとに really happy（本当にうれしい）とあるので，あとに形容詞を続けて**「～に見える」という意味を表す look** の過去形 looked が適切。

(2) あとが a lot of children（大勢の子ども）で複数なので，There のあとの be 動詞は are。

(3)「(人)に(物)を買う」は〈**buy＋人＋物**〉，または〈**buy＋物＋for ＋人**〉で表す。to とまちがえないように注意。

ミス対策 **〈動詞＋物〉のあとに〈to ＋人〉を続ける動詞(tell, show, teach, send など)と，〈for＋人〉を続ける動詞（buy，cook，make など）があることに注意。**

(4) あとに us English（私たちに英語を）とあることから，teach（教える）の過去形 taught が適切。〈**teach＋人＋物**〉**で「(人)に(物)を教える」**。

(5)「私たちの耳の形は算用数字の“3”～」という文。**look like ～（～のように見える，～に似ている）**とするのが適切。

(6) あとが Kyoto more prosperous という〈名詞＋形容詞（比較級）〉であることから，**「～を…にする」という意味のある make** が適切。「京都をより繁栄させる」という意味になる。

2 (1) 前の「この近くではどこに図書館を見つけられますか」への応答としては，**エ**「このあたりにはありません」が適切。There isn't ～. で「～はない」。この one は代名詞で，a library の代わりとして使われている。

(2) 前で Matt が「ぼくの国ではそれらを movies と呼ばない」と言い，空所のあとでは「films だよ」と答えていることから，**ウ**「君の国ではそれらを何と呼んでいるの？」が適切。**〈call＋(代)名詞＋呼び名〉で「～を…と呼ぶ」**。

(3)「チケットが買えなかった」と言う A に対し，B は「心配しないで。私は 2 枚手に入れたから～」と言っていることから，**イ**「あなたに 1 枚あげる」が適切。**〈give＋人＋物〉で「(人)に(物)を与える」**。

3 (1) me と taught があることから，taught me ～（私に～を教えた）とし，important things を続ける。「私の職業体験は，私に決して忘れない大切なことを教えてくれました」。

(2) **become は「～になる」の意味で**，形容詞も続けられるが，singer があることから a famous singer を続ける。「私は彼が有名な歌手になると思います」。

(3) made，interested（興味を持った），me があることから，made me interested（私に興味を持たせた）とする。**〈make＋(代)名詞＋形容詞〉で「～を…にする」**。interested in ～で「～に興味を持った」。「それは私にリサイクルへの興味を持たせました」。

(4) 与えられた語から How many ～ are there ...?（いくつの～がありますか[いますか]）という文にする。「バスケットボール部には何人のメンバーがいますか」。

(5) gave と me から gave me ～（私に～を与えた）となりそうだが，to があることに注意。gave it to me とする。「物」が代名詞の場合は**〈give＋代名詞＋to ＋人〉の語順**になる。「父が私の誕生日にそれを私にくれました」。

ミス対策 **〈動詞＋人＋物〉の文型を作る動詞の並べかえ問題では，to や for の有無に注意する。**

(6) me と send から send me ～（私に～を送る）とし，the book を続ける。**〈send＋人＋物〉で「(人)に(物)を送る」**。after（～したあとで）は you finish ... の前にくるようにする。mine が不要。「あなたがその本を読み終わったあとに，私にそれを送ってくれますか」。

4 (1)「～がある」は There is[are] ～. で表す。ここでは複数形の pictures[photos] があとにくるので are を使う。a lot of は many でもよい。

(2) **「(人)に(物)を見せる」を表す〈show＋人＋物〉**を使って，「私にあなたのノートを見せてくれますか」などと表すとよい。**〈show＋物＋ to ＋人〉**を使ってもよい。Please show me ～./I'd like you to show me ～. などで表すこともできる。

UNIT 12 〈to＋動詞の原形〉①・動名詞 p.54 - 55

1 (1) ウ (2) イ (3) エ (4) ア (5) エ
2 ① ア ② ウ ③ イ
3 (1) **try to talk to**
(2) **There are many places to visit**
(3) **Taking care of them isn't easy**
(4) **am very happy to know**
4 ア
5 例 (1) **I came to London to study English.**
(2) **I want to be a writer.**

解説

1 (1) I'm glad（私はうれしい）のあとなので，「**～して」と感情の原因を表す〈to＋動詞の原形〉**が適切。

(2) finish（終える）の目的語は**動名詞（～ing）**が適切。

(3) 前の go there（そこへ行く）の目的を表す**〈to＋動詞の原形〉（～するために）**が適切。

(4) decide（決める）の目的語は〈to＋動詞の原形〉が適切。**decide to ～で「～することに決める」**。

ミス対策 目的語に〈to＋動詞の原形〉だけをとる動詞には want，hope，decide など，動名詞だけをとる動詞には enjoy，finish などがある。使い分けに注意。

(5) **How about ～ing ...? で「～するのはどうですか」**。前置詞のあとに動詞が続くときは**動名詞**になる。

2 初めのAの「先週末，あなたは何をしたの？」に対しては，**ア**も**ウ**も応答になりえるが，**ア**の How about you?（あなたは？）への応答を考えると，**ア→ウ**と並べるのがよい。**ウ**の「私は宿題をするために土曜日の午後に市立図書館へ行ったよ」に対し，**イ**「え，私も日曜日に図書館に行ったよ。あなたと行きたかった」を応答にするとうまくつながる。

3 (1) **try to ～で「～しようとする，～しようと努める」**。あとに talk to（～に話しかける）を続ける。「私はふだん外国人に話しかけようと努めます」。

(2) 与えられた語から There are ～（～がある）を作り，many places を続ける。残った語で to visit を作り，many places を**後ろから修飾する**ようにつなげ，「訪れるべき多くの場所」とする。「鳥取には訪れるべき多くの場所があります」。

(3) taking care of で「～の世話をすること」。あとに them を続ける。残った語で isn't easy とできるので，Taking ... them を主語にして，そのあとに続ける。「それらを世話することは簡単ではありませんが，私はそれらと暮らすことを楽しんでいます」。

ミス対策 並べかえ問題に動詞の ing 形と be 動詞があるとき，be ～ing の進行形か，ing 形を動名詞とするかを見きわめる必要がある。他の語句もよく見て，うまくつながるように考えること。

(4) 与えられた語から am very happy ができ，残った語で to know を作って**感情の原因**としてあとに続ける。不要な語は of。「私はあなたのお兄さん[弟さん]が日本に興味があると知ってとてもうれしいです」。

4 Yuka が最初の発言で「去年，1週間バイオリンを弾きたい気分ではなかった」と言い，空所の前は「一生懸命練習したが，うまく弾けず，賞をとれなかった」という内容であることから，**ア**「私はバイオリンを弾きたくなかった」が適切。**イ**「私はバイオリンを弾くことは難しいと思わなかった」，**ウ**「私は一生懸命にバイオリンを練習することに決めた」，**エ**「私は祖父とバイオリンを弾くことを楽しんだ」。

対話文の意味

ベン：君はバイオリンを弾くのが好き？
ユカ：うん。でも去年は，1週間バイオリンを弾きたい気分ではなかったよ。
ベン：何があったの？
ユカ：去年の春，コンテストに参加したの。賞がとりたかったから，難しい曲を弾こうとしたんだ。一生懸命に練習した。でもうまく弾けなくて，賞を何もとれなかった。そのあと，バイオリンを弾きたくなかったの。

5 (1)「～するために」は〈to＋動詞の原形〉で表す。I came to London（私はロンドンに来ました）のあとに to ～を続けるとよい。

(2) **want to be ～（～になりたい）**を使って答えるとよい。

UNIT 13 〈to＋動詞の原形〉② p.58 - 59

1 (1) エ (2) ア (3) ウ (4) エ (5) ア
2 (1) **It, for, to**
(2) **taught[showed / told] us how to**
3 ア
4 (1) **asked me to go shopping**
(2) **important for us to**
(3) **so difficult that I can't**
(4) **tell me how to get**
(5) **help me write a letter**
(6) **may be too big to go**
5 例 (1) **I want a lot of people to visit Japan.**
(2) **It is important for us to think about robots.**

解説

1 (1) **〈ask＋人＋to＋動詞の原形〉で「(人)に～するように頼む」**。

(2) **〈tell＋人＋to＋動詞の原形〉で「(人)に～するように言う」**。tell の過去形 told が適切。

(3) B が at 3 p.m.（午後3時に）と答えていることから，when が適切。**when to ～で「いつ～するべきか」**。ここでは tell の目的語になっている。

(4) **too ... to ～で「～するには…すぎる」**。「私の姉[妹]は車を運転するには若すぎます」。

(5) **〈let＋人＋動詞の原形〉で「(人)に～させてやる」**。

ミス対策 let，make などは〈動詞＋人＋動詞の原形〉の形を作る。「人」のあとを〈to＋動詞の原形〉としないように注意。

2 (1) **「～することは―にとって…だ」は It is ... for ― to ～.** と表す。ここでは過去のことなので was を使っている。

(2) **「～のしかた」は how to ～**。「(人)に～のしかたを教える」は〈teach＋人＋how to ～〉。実際にやって見せて教えるという意味なら show でもよい。

3 空所の前は「合唱コンテストに向けてグループとして懸命に練習し，よい友達になったが，最初は練習に来ないクラスメートもいた」という内容で，空所のあとが「ぼくも同じ気持ちだった。他のメンバーは何か言いたかったが，何も言わなかった」という内容。この流れから，**ア**「ぼくは何をすればいいかわからなかった」が適切。**what to ～で「何を～するべきか，何を～すればよいか」**。**イ**「ぼくは歌い方を習わなかった」，**ウ**「ぼくは忙しすぎて練習に来られなかった」，**エ**「ぼくはグループの一員になってうれしかった」。

対話文の意味

ダイスケ：ぼくのいちばんの思い出は学校の合唱コンテストだ。
ポール：なぜ？
ダイスケ：ぼくたちはグループとして懸命に練習して，よい友達になったから。でも，それは簡単じゃなかったよ。最初は練習に来ないクラスメートもいた。何をすればいいかわからなかった。
ポール：覚えているよ。ぼくも同じ気持ちだった。他のメンバーは状況を改善するために何か言いたいと思っていたけど，彼らは何も言わなかった。

4 (1) 与えられた語から asked me to（私に～するように頼んだ）ができる。go shopping をあとに続ける。「姉[妹]が私にいっしょに買い物に行くように頼みました」。

(2) 前の It's と与えられた語から It's ... for ― to ～.（―にとって～することは…だ）の文にする。「私たちにとって十分な睡眠を得ることは大切です」。

(3) **so ... that ― can't ～で「とても…なので―は～できない」**。「最後の問題がとても難しいので私はそれに答えることができません」。

(4) **〈tell＋人＋how to ～〉で「(人)に～のしかたを伝える[教える]」**。Will you ～? は「～してくれますか」という意味も表す。「そこへの行き方を私に教えてくれますか」。

(5) **〈help＋人＋動詞の原形〉で「(人)が～するのを手伝う」**。「リサ，私が英語で手紙を書くのを手伝ってください」。

(6) 与えられた語から too big to ～（大きすぎて～

できない）を作る。may be（～であるかもしれない）をその前に，go を to のあとにおく。「わかりました，でもそれは大きすぎてドアを通り抜けられないかもしれません」。

5 (1)「**(人)に～してもらいたい」は〈want＋人＋to＋動詞の原形〉**。a lot of は many でもよい。

(2) It is ... for — to ～.（～することは—にとって…だ，—が～することは…だ）を使って表す。「～について考える」は think about ～。

UNIT 14 前置詞・接続詞

p.62 - 63

1 (1) ウ (2) エ (3) エ (4) ア (5) ア
2 (1) by (2) without (3) that (4) like
3 (1) ウ (2) エ
4 ① イ ② ア ③ ウ
5 (1) Do you think it will
(2) can help each other when
(3) glad you'll take part
(4) tell her that I can't go

解説

1 (1) 前が「とても空腹だった」，あとが「夕食が準備できていなかった」という内容なので，**but**（**しかし**）が適切。

(2)「**～時に**」には **at** を使う。

(3) あとが「有名な祭り」なので，**during**（**〈ある期間〉の間**）が適切。アの **when** は「**～するとき**」の意味で，あとには〈主語＋動詞〉が続く。

ミス対策 **時を表す語でも，during，by（～までに）のようにあとに名詞がくるもの（前置詞）と，when，while（～する間）のようにあとに〈主語＋動詞〉がくるもの（接続詞）があるので注意。**

(4) 前が「日本語が話せる」，あとが「母が教えてくれた」という内容。あとが前の理由だと考えられるので，**because**（**なぜなら～だから**）が適切。

(5)「みそはよく調味料～使われる」という文。**as**（**～として**）を使い，「調味料として」とするのが適切。

2 (1) 最初の「簡単なのは電車に乗ることだ」と合うように，「電車で簡単に行けます」とする。**交通手段について「～で」は by ～**。

(2) A に「紅茶に牛乳を入れますか」とたずねられて，B が No と答えていることから，「牛乳なしで紅茶を飲む」となるように，**without**（**～なしで**）が適切。

(3) 前が「エマは私に言った」で，あとが「ブラウン先生が体育館にいた」なので，「**～ということ」を意味する that** が適切。**〈tell＋人＋that ～〉で「(人)に～と言う，教える」**。

(4)「彼女のように」という日本語から，「**(名詞)のように」を意味する like** が適切。

3 (1) 前が「彼がそれをしている間は牛の乳しぼりは簡単に見えた」という内容で，However（しかしながら）があるので，**ウ**「私がしたときはそれは私には本当に難しかった」が適切。**ア**「それは私には簡単すぎたので，私はそれをするのは好きではなかった」，**イ**「彼がそれをしたあと，私は本当にそれを１人でしたかった」，**エ**「彼がそれのしかたを見せてくれたので，私には簡単だった」。

(2) 前の「空が暗くなってきた」という発言と，母親の「彼が帰ってくるときにそれを持って駅へ行きましょうか」という発言から，**エ**「お父さんは家にかさを置いていったから，かさを持っていないよ」が適切。選択肢すべてに Father と umbrella があるので，父親にかさを持っていこうと言っているのだと推測できる。どのような状況がそれに合うかを考える。**ア**「お父さんは昨日新しいかさを買って，今日それを持っていったよ」，**イ**「お父さんは今日，車で仕事へ行ったから，かさを使わないよ」，**ウ**「お父さんは仕事から家に帰ってくるとき，いつもかさを持ってくるよ」。

4 直前の「どの季節がいい？」への応答としては**イ**「どの季節もいいと思う。…」も**ウ**「春はいいですが，…」もよさそうだが，**ウ**にするとあとに続くものがない。**イ**「…もしスキーをしたいなら，冬がいい」に対して，**ア**「なるほど，でも寒い気候は好きではない。…春はどう？」と応じ，それに対して**ウ**を続けるとうまくつながる。

5 (1) 文末の「?」から疑問文なので，Do you think と作り，it will を続ける。think のあとに接続詞 that が省略された形。「あなたは次の週末は雨が降ると思いますか」。

(2) 主語 We に続くよう can help とつなげ，目的語となる each other（お互い）を続ける。残った when は「〜するとき」の意味の接続詞と考え，あとの we have ... の前にくるようにする。「私たちは困ったことがあるときはお互いを助けられます」。

(3) I'm のあとには glad が適切。残った語で you'll take part とつなげることができ，これを glad のあとに続ける。**〈be glad（that）＋主語＋動詞 …〉で「〜してうれしい，〜ということがうれしい」**。take part in 〜は「〜に参加する」。about が不要。「私はあなたがコンテストに参加することがうれしいです」。

(4) 与えられた語から tell her that（〜ということを彼女に言う）を作る。残った語で I can't go を作り，that のあとに続ける。「私はパーティーに行けないと彼女に言います」。

UNIT 15 比　較

p.66 - 67

1 (1) エ　(2) イ　(3) ウ　(4) エ
2 (1) bigger　(2) busiest
(3) more popular　(4) best　(5) more
3 (1) youngest　(2) than　(3) earlier
(4) fastest of　(5) Which, better, or
4 (1) more expensive than that one
(2) can't run as fast
(3) the most interesting of all subjects
(4) the most beautiful mountains in
5 例 What［Which］ subject do you like（the） best?
6 例 The oldest building in the town is this library. / This library is the oldest building in the town.

解説

1 (1) あとの **of** all the mountains（すべての山のうちで）から**最上級**が適切。

(2) あとに as があるので，**as 〜 as ...（…と同じくらい〜）**の文にする。

(3) あとに **than があるので比較級**が適切。**well（上手に）の比較級は better**。

(4) あとが all my subjects という**複数を表す語句なので，of** が適切。

2 (1) あとに than があるので比較級にする。big の比較級は **g を重ねて er** をつける。

(2) 前に the，あとに in（〜の中で）があるので最上級に。busy の最上級は **y → iest**。

(3) あとに than があるので比較級に。popular のように**つづりが長めの語の比較級は前に more** をおく。

(4) 前に the，あとに of（〜の中で）があるので最上級に。**well（上手に）の最上級は best**。

(5) あとに than があるので比較級に。**many の比較級は more**。

ミス対策　形容詞・副詞の語形変化の問題では，あとに than があれば比較級，前に the，あとに in または of があれば最上級にすると判断する。

3 (1)「いちばん年下」は「いちばん若い」と考えて，youngest が適切。

(2) 前に happier という**比較級があるので，than** が適切。

(3)「明日の朝は 7 時に来なければならない」「今日は 8 時に始まった」という流れから，「明日はもっと早く始まる」と考えられる。early の比較級 earlier が適切。

(4) 最初の Kenji の発言 We won.（ぼくたちは勝った）や，空所の前後から，最上級を使って「きみはすべてのアンカーの中でいちばん速く走った」となるようにする。fast の最上級は fastest。空所のあとが**複数を表す語句なので，of** を使う。

(5) 応答の「私は犬のほうが好き」を手がかりに，「犬とネコではどちらのほうが好きですか」という文にする。**Which do you like better, *A* or *B*?** の形。

4 (1) 与えられた語から more expensive than（〜より値段が高い）を作り，あとに that one を続ける。「それはよく見えますが，あれより値段が高いです」。

(2) 与えられた語と，あとの as から，**not ... as 〜 as —（—ほど〜ではない）**の文だと考える。can't run のあとに as fast を続ける。「しかし彼はケイスケほど速く走れません」。

(3) 与えられた語から the most interesting と of all subjects というまとまりができ，これらをつなげる。「しかし先生が大いに手助けしてくれて，今はそれがすべての教科の中でいちばんおもしろいと思います」。

(4) 与えられた語から the most beautiful というま

とまりができる。前に one of（～の１つ）があることから，beautiful のあとに複数形の mountains を続ける。あとの the world の前に in がくるようにする。不要な語は picture。「これは世界で最も美しい山の１つです」。

5 あとの「数学がいちばん好き」という応答から，「あなたは何の教科がいちばん好きですか」という疑問文が適切。**「～がいちばん好き」は like ～（the）best。**これを what[which]で始まる疑問文にする。

6 「町内で最も古い建物はこの図書館です」または「この図書館は町内で最も古い建物です」と表すとよい。old の最上級は oldest。

UNIT 16 受け身

p.70 - 71

1 (1) エ (2) イ (3) イ (4) イ
2 (1) made (2) taken (3) written (4) held
3 taught
4 (1) I was encouraged by your
(2) When was this old bridge
(3) English and French are spoken in Canada
(4) students are not allowed to
5 seen
6 例 (1) His songs are[song is] loved by a lot of people.
(2) That bird is called *tsubame* in Japanese.

（解説）

1 (1) be 動詞があることから進行形か受け身。主語が This song なので，「歌われる」という受け身の文にする。過去分詞 sung が適切。

（ミス対策）**be 動詞のあとの動詞の形を選んだり，適切な形にしたりするとき，主語と動詞の関係から進行形「～している」か，受け身「～される」のどちらになるかを考えよう。**

(2) 主語が「公園」なので，受け身の「掃除される」になるようにする。単数の主語なので is cleaned が適切。

(3) It は前の This hotel を指す。空所のあとの one year ago（1 年前に）から，be 動詞の過去形 was を使った was built（建てられた）が適切。

(4) 主語は「あなたが昨日買った食べ物」。eat（食べる）とは受け身の関係になるので，should be eaten（食べられるべき）が適切。助動詞 should のあとなので be 動詞が原形 be になっている。

2 (1)「あなたのかばんは紙で作られているのですか」という受け身の疑問文。**make の過去分詞は made。**

(2) It は前の a picture を指す。「それは私の父に撮られました」という受け身の文。**take の過去分詞は taken。**

(3)「これらの本は英語で書かれています」という受け身の文。**write の過去分詞は written。**

(4) 接続詞 when のあとを「この祭りが行われる」という受け身の文に。**hold（〈行事を〉開く，行う）の過去分詞は held。**

（ミス対策）**不規則動詞がねらわれやすい。take − took − taken，write − wrote − written など，過去形と過去分詞の形が異なるものは特に注意。**

3 前は「盲導犬はそれを使う人を導き，安全にガイドする」という内容で，空所を含む文は「この目的のために，盲導犬は道に沿ってまっすぐ行くように～」という意味。この流れから，teach（教える）を選び，前の are に過去分詞を続けて are taught（教えられる）とする。

英文の意味

盲導犬は目が見えない人のために働きます。盲導犬は使う人がさまざまな場所へ行くときに彼らを導きます。これらの犬は使う人とともに歩いて，安全な方法で彼らをガイドします。この目的のために，盲導犬は道に沿ってまっすぐ行くように教えられます。

4 (1) 与えられた語から I was encouraged（励まされた）を作り，空所のあとの kindness に注目して，by your kindness（あなたの親切によって）が続くようにする。「だから，私はあなたの親切に励まされました」。

(2) 疑問文なので When で始めて，〈was ＋主語 ～?〉という疑問文が続くようにする。残った語から，主語は this old bridge となる。was と，文末の built から受け身の疑問文にする。「この古い橋はいつ造られましたか」。

(3) Did you know ～? は疑問文だが，know のあとは疑問文ではなくふつうの文の語順になる。are spoken で「話される」という意味なので，主語は English and French（英語とフランス語）が適切。Canada は spoken in のあとに続ける。「あなたは，カナダでは英語とフランス語が話されていることを知っていましたか」。

(4) 主語は students。与えられた語から are not allowed（許可されていない）という否定の受け身ができる。to はあとの enter（入る）の前にくるようにする。「それは，生徒はここから入ることを許可されていませんと言っています［書いてあります］」。

5 英文の 2 文目に「地球は宇宙から私たちが見ると青く見えるという人たちがいる」とあることから，空所の文は「もし宇宙から見られたら地球は青く見えるそうだ」とするとよい。空所の前の it は the Earth（地球）のこと。本文の「宇宙から私たちが地球を見る」を，「地球が宇宙から見られる」と言いかえる。

英文本文の意味

地球はよく水の惑星と呼ばれます。地球は宇宙から私たちが見ると青く見えるという人たちがいます。実際，その表面の約 70% は水です。

6 (1)「愛されている」なので，are[is] loved。「～に（よって）」は by ～。解答例の a lot of の代わりに many を使ってもよい。

(2)**「～と呼ばれる」は be called ～**。

UNIT 17 現在完了形 p.74 - 75

1 (1) ウ (2) エ (3) ウ (4) エ
2 (1) visited (2) left (3) taught
(4) been
3 (1) イ (2) イ
4 (1) (j)ust (2) since (3) been
5 (1) have been good friends for
(2) cousin has never eaten
(3) Have you ever joined
(4) have been playing tennis since
(5) How many times have you been
6 例 Have you ever been to Japan?

解説

1 (1) 前に **haven't があるので現在完了形**の否定文。過去分詞 had が適切。文末の yet から「完了」の否定文。

(2) **since（～以来）**があるので，**現在完了形（継続）**の文。主語が It なので has been が適切。

(3) I've から現在完了形の文。「経験」の否定文で使う never が適切。**アの ever（これまでに）**は「経験」の疑問文でよく使う。

(4) been があることに注意。**has been に～ing を続けると「ずっと～している」**という意味になる（現在完了進行形）。現在完了形の文だと思って，過去分詞 talked を選ばないように。

ミス対策 **have[has] been があるときは意味に注意。〈have[has] been + 形容詞・名詞〉は「ずっと～(な状態)だ」，〈have[has] been to ～〉は「～へ行ったことがある」，〈have[has] been + ～ing〉は「ずっと～している」。**

2 (1) I've から現在完了形の文。動詞は過去分詞に。visit の過去分詞は visited。「私はこれらの国のどれも訪れたことがありません」。

(2) has already に注目。「電車はすでに駅を出ました」という文に。**leave の過去分詞は left。**

(3) **Has で始まっている**ことに注目。「あなたのおじいさんがあなたにバイオリンの弾き方を教えてきたのですか」という文に。**teach の過去分詞は taught。**

(4) has と for a long time に注目。「この歌は長い間日本で有名です」という文に。**be の過去分詞は been。**

3 (1) 前の「私の辞書を見た？」と，あとの「部屋では見つからない」から，**イ**「それをなくしたの？」が適切。

(2) 映画に誘われたケンタが Sorry. とあやまり，ライアン（Ryan）が他の映画を提案している。**イ**「私はすでにそれを見た」が適切。

4 (1) have finished で「～を終えた」という完了の意味。j で始まる語は **just（ちょうど）**が適切。「ちょうど終えたところ」という意味になる。

(2) have known him で「彼をずっと知っている」という「継続」の意味。空所のあとが〈主語＋動詞 ～〉の形なので，since（～以来）が適切。「彼が 5 歳だったとき以来」となる。

(3) 前後の has と studying から，been を入れて has been studying（ずっと勉強している）とする。

5 (1) 与えられた語から have been を作り，あとに good friends を続ける。for はあとの語句とつなげて for a long time（長い間）となるようにする。「父は若いときにボビーと会い，彼らは長い間，仲の良い友達です」。

(2) My cousin が主語。残った語で has never eaten（食べたことがない）を作る。「私のいとこはこれまで日本食を食べたことがありません」。

(3) 与えられた語から Have you ever（あなたはこれまでに～したことがありますか）を作り，joined を続ける。「あなたは今までにブルーアイランドマラソンに参加したことがありますか」。

(4) 与えられた語から have been playing（ずっと～をしている）を作り，tennis を続ける。since は this morning の前にくるようにする。「彼らは今朝からずっとテニスをしています」。

(5) 与えられた語から How many times（何回）と have you been を作ってつなげる。been はあとの there とつながって「そこへ行った」という意味になる。「あなたは何回そこへ行ったことがありますか」。

6 **「あなたは～へ行ったことがありますか」は Have you ever been to ～?**。このまま覚えておくとよい。

UNIT 18 名詞を修飾する語句・間接疑問文 p.78 - 79

1 (1) **エ** (2) **エ** (3) **エ** (4) **イ**
2 (1) **called** (2) **running** (3) **written** (4) **swimming**
3 (1) **エ** (2) **ウ**
4 (1) **sitting under the tree is**
(2) **e-mail with a special message**
(3) **at the hotel built by**
(4) **tell me what happened**
(5) **the number of languages used in the world**
(6) **you know how long it is**

解説

1 (1) shirt と make の関係から「インドで作られたシャツ」とする。過去分詞の made が適切。

(2)「ドイツに住んでいる友達」となるように，ing 形の living が適切。

(3)「私たちの庭で育てられた野菜」となるように，過去分詞の grown が適切。

(4) I don't know のあとに続くので，**疑問詞のあとは〈主語＋動詞〉**の語順。

2 (1) mountain と call の関係から，「若葉山と呼ばれる山」となるように過去分詞に。call の過去分詞は called。

(2) boy と run の関係から，「あそこを走っている男の子」となるように ing 形に。**run の ing 形は n を重ねて running**。

(3) books と write の関係から，「英語で書かれた本」となるように過去分詞に。**write の過去分詞は written**。

(4) fish と swim の関係から，「川を泳いでいる魚」となるように ing 形に。**swim の ing 形は m を重ねて swimming**。

ミス対策 **名詞を後ろから修飾する動詞の形は，まず名詞と動詞の関係を考える。「～している…」という意味になるなら動詞は ing 形に，「～される…」という意味になるなら動詞は過去分詞に。**

3 (1) 空所の前では「バスにかさを忘れた」と言い，あとでは「12 番のバス」と言っていることから，**エ**「どのバスに乗ったか覚えていますか」が適切。

(2) 前では「絵を描くことが好きだ」という話をしていて，あとでは「40 歳くらいのとき以来」と答えていることから，**ウ**「あなたがどのくらい絵を描いているのか」が適切。

英文の意味

最終日，私はレイコさんに会いました。私は彼女に「私はあなたのすばらしい絵を見ました。実は私は絵を描くことが好きなんです。あなたも絵を描くことが好きですか」と言いました。レイコさんは「ええ，私は絵を描くことが大好きよ」と答えました。それで私は「どのくらい絵を描いているのかたずねてもいいですか」と続けました。彼女はほほえんで「いいわよ…私が 40 歳くらいのときからよ」と答えました。

4 (1) 前の主語と与えられた語で，The girl is sitting ... とするか，The girl sitting ... とするかを判断する。The girl is sitting ... だと最後の my sister につながらない。sitting under the tree が前の The girl を修飾する形に。そのあとに is を続ける。「木の下に座っている女の子は私の姉[妹]です」。

(2) 前が an なので e-mail を続ける。with に注目して，**with ～（～のある）**が e-mail を後ろから修飾すると考え，with a special message を

e-mailの後ろに続ける。不要な語はenjoyed。「私は祖母から特別なメッセージのあるEメールを受け取りました」。

(3) stayedと与えられた語でstayed at the hotel（そのホテルに泊まった）とする。残った語でbuilt by（～によって建てられた）として，hotelを後ろから修飾するようにつなげる。「私は有名なアメリカ人に建てられたホテルに泊まりました」。

(4) 与えられた語からtell me（私に言う）を作る。残った語でwhat happened（何が起こったか）を作ってあとに続ける。whatはhappenedの主語。「昨夜何が起こったか私に教えてくれますか」。

(5) 与えられた語からthe number of languages（言語の数）を作り，残った語でused in the world（世界で使われる）として，languagesを後ろから修飾するようにつなげる。「私は世界で使われている言語の数を見つけようとしています」。

(6) 前のDoと与えられた語でDo you knowを作り，残った語でhow long it is（それがどのくらい長いか）のように間接疑問にして，knowの目的語になるようにつなげる。knowのあとにくるので，how long is itではなく〈**主語＋動詞**〉**の語順**にする。「あなたはそれがどのくらい長いか知っていますか」。

UNIT 19 関係代名詞 p.82 - 83

1 (1) **エ** (2) **エ** (3) **ウ** (4) **ウ**
2 (1) **ア** (2) **イ**
3 (1) **is the picture you took**
(2) **know a shop that sells cool**
(3) **for someone who can take care**
(4) **loved by people who enjoy**
4 **イ**
5 例 (1) **The dinner you cooked[made] yesterday was delicious.**
(2) **I helped a[the] woman who talked [spoke] to me in English.**

解説

1 (1) 前の名詞（先行詞）a cameraが「物」で，**あとには動詞**が続いていることから，**主格の関係代名詞which**を選ぶ。

(2) 前の名詞peopleが「人」で，あとには動詞が続いていることから，**主格の関係代名詞who**を選ぶ。

(3) 前の名詞wordが「物(こと)」で，あとには動詞が続いていることから，**主格の関係代名詞that**を選ぶ。

(4) she ～ arms（彼女が両うでに抱いていた）は，前のThe catを**後ろから修飾する**〈**主語＋動詞～**〉。この文の主語はThe catなので，wasが適切。

ミス対策 **動詞のすぐ前の名詞が主語ではないこともある。空所のすぐ前だけを見て判断せず，文の初めから読んで，主語を修飾する語句が動詞との間に入っていないかに注意する。**

2 (1) 前が「もし市にショッピングモールがあれば私はうれしいでしょう」，あとが「だから，よい都市を設計するには，さまざまなものの見方から都市を見るべきだ」という意味。「さまざまなものの見方」とあることから，空所の前とはちがう考え方を示す**ア**「しかし私は，それ(＝ショッピングモール)をほしくはない人々がいることを知っている」が適切。

(2) 前が「私は自分が訪れた階は覚えていませんが」の意味で，あとでは「私は…を買いました」と自分が何を買ったかを述べている。前にbut（しかし）とあることから，**イ**「自分が買った物は覚えている」が適切。あとで自分が買った物を述べていることともうまくつながる。

3 (1) 前にWhichがあるが，Which pictureとすると残りの語がつながらない。Which is the pictureで「どれがその写真ですか」となる。残った語でyou took（あなたが撮った）とし，the pictureを**後ろから修飾する**ようにつなげる。「どれが，あなたが公園で撮った写真ですか」。

(2) 前のIに注目して，まず，I know a shop（私は店を知っている）とする。そしてthatを**主格の関係代名詞**と考え，that sellsをa shopのあとにつなげる。残ったcoolはあとのT-shirtsの前にくるようにする。「私は私の家の近くのかっこいいTシャツを売る店を知っています」。

(3) 前に注目。まず，I'm looking for someone（私はだれかをさがしている）とする。そして**whoを主格の関係代名詞**と考え，who can

take care を someone のあとにつなげる。「私はだれか私の犬の世話ができる人をさがしています」。

(4) まず，is のあとに loved by people（人々に愛されている）をつなげる。残った who enjoy を people のあとにつなげる。「この雑誌は映画を見るのを楽しむ人々に愛されています」。

4 直後の because of that（それが理由で）の that が何をさすかを考える。この文の前が「病院で使われる言葉がとても難しくて理解できない」という内容なので，その言いかえとなる**イ**「医師たちは，外国の人々が理解するには難しすぎる日本の言葉を使う」が適切。**ア**「病院には英語を話す医師が大勢いる」，**ウ**「外国の人たちはどの病院へ行くべきかがわからない」，**エ**「日本の病院に行くのにはとてもお金がかかる」。

英文の意味

まず，病院で使われる多くの言葉がとても難しくて，医師が何を言っているのか理解できないので，彼女には病院に行くのが困難です。処方せんや注射のような言葉が病院内で使われています。彼女は日本に住む多くの外国の人々が同じ問題を抱えているかもしれないと言っています。それが理由で，とても体調が悪いときでさえ病院に行かない外国の人々がいると知って，私はおどろいています。

5 (1)「あなたが昨日作ってくれた夕食」と考えて，the dinner を you cooked yesterday が後ろから修飾するようにする。目的格の関係代名詞を使ってもよい。また，for me を入れたり，I liked the dinner you cooked ～. と表したりしてもよい。

(2)「私に英語で話しかけてきた女性」を，**主格の関係代名詞 who を**使い，a woman のあとに who talked to me を続けて表す。who の代わりに that を使ってもよい。

UNIT 20 仮定法 p.86 - 87

1 (1) **イ** (2) **ウ** (3) **エ** (4) **ウ** (5) **エ**
2 (1) **were** (2) **wish** (3) **could[would]**
(4) **If, had** (5) **wish, were**
3 (1) **イ** (2) **ウ** (3) **ア**
4 (1) **wish I could sing like her**
(2) **If he knew how to use**
(3) **I were in Brazil, I could watch**
(4) **you had a lot of money, what would**
5 例 (1) **I wish I could swim faster.**
(2) **If I were there, I would help you.**

解説

1 (1) 後半に I **would** ～ と**助動詞の過去形**があることから，**仮定法**の文。would は will の過去形。仮定法の文では，主語が 3 人称単数でも **if のあとの be 動詞はふつう were** を使う。

(2) I wish は**現実とは異なる**願望をいうときに使う。仮定法で表すので，**動詞は過去形**を使う。

(3) 前半の If I **were** ～ から仮定法の文。If ～のあとの後半の文では，**助動詞の過去形**を使う。

(4) I wish ～ の仮定法の文。動詞や助動詞は過去形を使う。**エ**の didn't では前の文とうまくつながらない。

ミス対策 **仮定法の文では動詞や助動詞の過去形や，were を使うが，そのことだけで語を選ばないように。前後のつながりからどの語が適切かを判断する。**

(5) 前半の if I were ～ から仮定法の文。後半の文では助動詞の過去形を使う。I'd は I would の短縮形。

2 (1) 後半の I would ～ から仮定法の文。were を入れて，「もし私が鳥だったら」という**現実とは異なる仮定**を表す。

(2) 前の「すてきなかばんだが高すぎる」という内容から，「十分なお金を持っていたらなあ」となるよう，wish を入れて I wish ～. とする。

(3) 前半の If Emma were ～ から仮定法の文。If ～のあとの後半の文では，**助動詞の過去形**を使う。

(4) 前が「カメラを車に置いてきた」という内容で，文の後半が I could take ～ であることから，「もし私がここにそれを持っていたら」となるように仮定法で表す。

(5) 前が「雨が降っているので野球ができない」という内容。「晴れていたらなあ」となるよう I wish ～. とする。

3 (1) 空所の前が「水族館にときどき行くが，家から遠い」という内容で，空所のある文の後半が could を使った「もっと頻繁にそこを訪れることができるのに」という内容。were を使った**イ**「もし私の町に 1 つあったら」が適切。

(2) 空所の前が「Bの姉[妹]がパーティーに来られない。会うのを楽しみにしていた」という内容。**ウ**「彼女が来ることができればなあ」が適切。

(3) 文の前半「もし犬を飼っていたら」のあとには，**ア**「毎日それと遊べるのに」が適切。**ウ**や**エ**も助動詞の過去形を使っているが，意味が通らない。

4 (1) 前のIのあとにwishをおき，I wish（〜だったらなあ）とする。そのあとに続く文はI could singと作ることができる。残った語でlike her（彼女のように）とし，あとに続ける。「彼女のように歌うことができたらなあ」。

(2) ifがあるので，まず，If he knew（彼が知っていたら）とする。残った語でhow to use（使い方）と作り，あとに続ける。「もし彼がそれの使い方を知っていたら，私たちはもっと簡単にコミュニケーションが取れるのに」。

(3) could watchはあとの ... soccer gamesの前にくると考えられるので，IfのあとにはI wereがくる。残った語でin Brazilとし，あとに続ける。「もし私がブラジルにいたら，わくわくするサッカーの試合を見ることができるのに」。

(4) 疑問文だがIfで始まっているので，まずIf〜を作る。次に過去形hadを使い，If you had a lot of money, とする。残った語で疑問文になるようwhat wouldとしてあとに続ける。「もしあなたがたくさんのお金を持っていたら，何をしますか」。

5 (1)「〜ならいいのになあ」なのでI wish〜で表すとよい。**現実とは異なる願望**なので，動詞や助動詞は**過去形**を使う。「泳げたら」なのでcouldを使うとよい。

(2) 現実とは異なる仮定をいうので仮定法で表すとよい。「〜にいたら」は**were**を使う。仮定法の文では，If〜のあとの後半の文では**助動詞の過去形**を使うので，wouldを使うとよい。I wouldの短縮形I'dにしてもよい。

UNIT 21 熟 語

p.90 -91

1 (1) イ (2) ウ (3) ア (4) ア

2 (1) at (2) (b)orn (3) (a)ble, (s)uch (4) is (f)amous (5) for, course

3 (1) a good time
(2) Who will take care of
(3) is a flower shop in front
(4) Don't be afraid of my dog(.)
(5) color is between red and

4 例 (1) I'm interested in *umeboshi*.
(2) I'm looking forward to seeing my favorite singer.
(3) I'm proud of you.

解説

1 (1) **look for**で「〜をさがす」の意味。

ミス対策 **look を使った熟語は，look at(〜を見る)，look for(〜をさがす)，look like(〜のように見える)，look forward to(〜を楽しみに待つ）を覚えておこう。**

(2) **help 人 with ...** で「(人)の…を手伝う」の意味。

(3) 前に「それは本当に便利です」とあり，あとが「それは食べ物を温かく保ち，おはしのための場所がある」と「便利」の具体例をのべているので，**For example（たとえば）**が適切。**エ**の**for the first time**は「初めて」の意味。

(4) 前が「クォーツ腕時計はとても高価だった」，あとが「しかしまもなく人々はそれを買うことができた」という内容であることから，**at first（最初，初めは）**が適切。

2 (1) **be good at 〜**で「〜が得意である」の意味。

(2) **be born**で「生まれる」の意味。

(3) **be able to 〜**で「〜することができる」，**such as**で「(たとえば)〜のような」の意味。

(4) **be famous for 〜**で「〜で有名である」の意味。前で「それは人気ですか」とたずねられて，Yes. と答えていることなどをヒントにする。

(5) **for a while**で「しばらく(の間)」，**of course**で「もちろん」の意味。

3 (1) **have a good time**で「楽しい時を過ごす」の意味。「私はそこで楽しい時を過ごしました」。

(2) **take care of 〜**で「〜の世話をする，面倒をみる」の意味。Whoが主語の疑問文。willがあるのでそのあとに動詞を続ける。「だれがその犬の世話をするのですか」。

(3) **in front of 〜**で「〜の前に」の意味。「駅前に生花店があります」。

(4) **be afraid of 〜**で「〜をこわがる」の意味。

Don't be afraid of ～.（～をこわがるな）の形でよく使われる。「私の犬をこわがらないで」。

(5) **between ～ and ... で「～と…の間に」の意味。** What is color between ～とはできない。「～と…の間の色」と表すには，color の前に the が必要。「赤と黄色の間には何色がありますか」。

4 (1)**「～に興味がある」は be interested in ～。**

(2)**「～を楽しみに待つ」は look forward to ～。** この to は前置詞なので，あとに動詞を続けるときは ing 形（動名詞）にする。

ミス対策 **look forward to のあとに動詞の原形を続けるまちがいをしやすいので注意。**

(3)**「～をほこりに思う」は be proud of ～。**

UNIT 22 会話表現① p.94 - 95

1 (1) エ (2) ウ (3) エ (4) イ
2 (1) Here (2) is (3) see
3 (1) イ (2) エ (3) イ (4) イ (5) イ
4 (1) ① イ ② ウ ③ ア
(2) イ → ウ → ア → エ

解説

1 (1) **See you tomorrow. で「また明日ね」**の意味。**See you.（またね）**とだけ言うこともよくある。

(2) **Could you say that again? で「もう一度それを言っていただけますか」**の意味。

(3) **How are you doing? で「元気ですか」**の意味。

(4) **What do you mean? で「どういう意味ですか」**の意味。相手の言ったことの意味がわからなかったときなどに言う。

2 (1) 前で「見てもいいですか」と言っていることから，**Here you are.（はい，どうぞ）**とするのが適切。物を渡すときや見せるときに言う。

(2) 相手の発言に対して「まあ，そうなんですか」とあいづちを打つ表現にする。前が It's ～. という be 動詞の文なので，is を使う。

ミス対策 **〈(助)動詞＋代名詞？〉の形のあいづちの表現では，一般動詞の文なら do，does，did を，be 動詞の文なら be 動詞を使う。**

(3)**「わかりました」**の意味の **I see.** が適切。

3 (1) 前が「私はとてもおなかがすいています」で，あとが「だから，私はお弁当箱を開けるのが待ちきれない」なので，**Me, too.（私もです）**が適切。

(2) 質問をされてすぐに答えていないことから，**Let's see（ええと，そうですね）**というつなぎの言葉が適切。

(3) 前が「若い人はもっと野菜を食べたほうがいいと思う」で，あとが「くだものを食べることも彼らにはよいことだ」なので，**I agree.（同感です）**が適切。

(4)「元気ですか」と言われて，「元気です，ありがとう」と答えたあとなので，**「あなたは？」**と相手のことをたずね返す **How about you?** が適切。そのあとの I'm fine ... という応答にも合っている。この場合は **And you?** とも言う。

(5) 前の「私は新聞を毎朝読むことにしました。新聞は新しいことについて知るのにとても役に立つと思います」に対して，「やってみます」と言っているので，**「私もそう思います」**と同意を伝える **I think so, too.** が適切。

4 (1) 直前の Did you like ～? に対して **Of course.（もちろん）**と答えている**イ**を続ける。**イ**の最後では Thank you ～. と言っているので，**ウ**の **You're welcome.（どういたしまして）**を続ける。残った**ア**「また行きましょう」を最後にもってくると対話がつながる。

(2)「体調をたずねる」という状況を手がかりに，**イ**「あなたは具合がよくなさそうですね，エイミー。どうしたのですか」で始める。**What's wrong? は「どうしたのですか」**と気づかう表現。**ウ**「熱があって頭痛がします」を続けるのが適切。体調がよくないと知ったので，**ア**「医師にみてもらうほうがいいです」と続け，最後に**エ**「わかりました。そうします」をもってくる。

UNIT 23 会話表現② p.98 -99

1 (1) ア (2) エ (3) イ (4) イ (5) エ
2 ウ → イ → ア
3 (1) ask her to call me
(2) me where the museum is
(3) do you have any bags for my
4 例 (1) He is not at home now.
(2) Go down this street and turn left at the second corner. You will see it on your right.

解説

1 (1) 買い物での対話。客（B）が「ぼうしがほしいです」と言ったのに対して，店員（A）が言うこととしては，**How about this one?（こちらはいかがですか）**が適切。

(2) 食事の場面での対話。「何か飲み物はいかがですか」に対して，「紅茶が1杯ほしいです」と答えているので，**Yes, please.（はい，お願いします）**が適切。**Would you like ～?で「～はいかがですか」**の意味。

ミス対策 **Would you like ～?にはNo, thank you.と答えることもある。しかし，ここではすぐあとで紅茶を頼んでいるので，ウは不適切。前後のつながりに注意して文を選ぶこと。**

(3) 電話でのやり取り。すぐ前で「すみません，彼は出かけています」と言っているので，**Can I call him again?（また彼に電話してもいいですか）**が適切。アの**Shall I take a message?は「伝言をお聞きしましょうか」**の意味。

(4) 道案内の対話。Bが行き方を答えているので，**Could you tell me the way to ～?（～への行き方を教えていただけますか）**という表現にするのが適切。

(5) 食事の場面での対話。「もう少しいただいてもいいですか」に対して，「もちろん」と答えているので，**Help yourself.（ご自由に自分で取ってください）**が適切。

2 **Can I help you?（いらっしゃいませ。ご用件をうかがいましょうか）**に対して，Yes, please.（はい，お願いします）と答えている**ウ**を続ける。**I'm looking for ～.（～をさがしています）**と言っているので，we have ～（〈店に〉～があります）と応じている**イ**を続ける。そして**Can I try them on?（はいてみてもいいですか）**と言っている**ア**を最後にもってくると完成する。

3 (1) 電話でのやり取り。「彼女はまだ帰っていません」に対して，**Could you ask her to ～?（～するよう彼女に頼んでいただけますか）**と応じるようにする。call me backで「折り返し私に電話する」。「折り返し私に電話をくれるよう彼女に頼んでいただけますか」。

(2) 前の語句に注目して，Could you tell me（私に教えていただけますか）とする。残った語で〈疑問詞＋主語＋動詞〉の文を作る。where the museum isで「博物館がどこにあるか」。「博物館がどこにあるか教えていただけますか」。

(3) 買い物での対話。与えられた語から，まず**do you have（～はありますか）**を作る。目的語としてany bagsをそのあとに続ける。残った語と，あとのsisterでfor my sisterとして，any bagsを後ろから修飾するように続ける。「ええと，何か私の姉[妹]向きのかばんはありますか」。

4 (1) 電話でのやり取り。**May I speak to ～?（～さんをお願いできますか）**に対してnotを使って答えるので，「家にいない」などと表すとよい。「6語以上の一文」という条件に合うように文を作ること。

(2) Aが最初にart museum（美術館）に行きたいと言い，「そこへの行き方を教えていただけますか」と続けているので，地図をもとにart museumまでの行き方を説明する。go straight（まっすぐ行く）や，turn left at the bookstore（書店のところで左に曲がる），It'll be on your right.（あなたの右側にあります）などを使ってもよい。

UNIT 24 リスニング①

p.102 - 103

1 (1) エ　(2) イ　(3) ア
2 (1) イ　(2) ア
3 (1) エ　(2) イ　(3) エ　(4) ア　(5) ア　(6) ウ

解説

1 (1) キーワードはunderと，black，white。黒いネコと白いネコがテーブルの下にいる**エ**が正解。

読まれた英文と意味

There are two cats under the table.　One is black, and the other is white.
（テーブルの下にネコが2ひきいます。1ぴきは黒くて，もう1ぴきは白いです。）

(2) おもなキーワードはholding glasses（コップを手に持っている）とwearing glasses（めがねをかけている）。

ミス対策 **問題が読まれる前に，イラストを見比べて，どこがちがうかを確認しておくこと。ちがっているところが聞き取りのポイントとなる。**

読まれた英文と意味

Three girls are sitting around the table. Two of them are holding glasses. A girl wearing glasses is looking at the menu.
（3人の女の子がテーブルの周りにすわっています。彼女たちのうちの2人はコップを手に持っています。めがねをかけている女の子はメニューを見ています。）

(3) キーワードは study together in the library（図書館でいっしょに勉強する）。

読まれた英文と意味

Taro: Mary, I want you to help me with my homework tomorrow.
（メアリー，明日，宿題を手伝ってほしいんだ。）

Mary: Sure. Let's study together in the library.
（いいよ。図書館でいっしょに勉強しよう。）

Taro: Great! Shall we meet in front of the library at ten o'clock?
（よかった！ 図書館の前で10時に待ち合わせようか。）

Mary: OK. See you tomorrow.
（わかった。明日ね。）

2 (1) キーワードは tennis。テニスをするときに使うのは**イ**のラケット。

読まれた英文と意味

When you play tennis, you use this.
（テニスをするとき，あなたはこれを使います。）
Question: What is this?
（質問：これは何ですか。）

(2) キーワードは**数**と big，small。どの大きさの魚が何びきいるかに注意して聞く。

読まれた英文と意味

Tom is watching a fish tank. There are three big fish and two small ones.
（トムは水槽を見ています。3びきの大きな魚と2ひきの小さな魚がいます。）
Question: Which fish tank is Tom watching?
（質問：トムはどの水槽を見ていますか。）

3 (1) キーワードは something to drink と something cold。冷たい飲み物を選ぶ。

読まれた英文と意味

A: Do you want something to drink, Mike?
（何か飲み物がほしい，マイク？）

B: Yes, I want something cold, Mom.
（うん，何か冷たいものがほしいよ，お母さん。）

A: OK.（わかったわ。）

Question: What will Mike have?
（質問：マイクは何を食べ[飲み]ますか。）

(2) イラストから，キーワードは desk，bed，TV と予測できる。どれも対話に出てくるが，TV については，Do you have ～? と聞かれて No と答えていることに注意。

読まれた英文と意味

A: Do you have your own room, Taku?
（あなたは自分の部屋を持っているの，タク？）

B: Yes, I do. I have my desk and bed in my room.
（うん，持っているよ。ぼくの部屋には自分の机とベッドがあるよ。）

A: Nice! Do you have a TV in your room?
（いいね！ あなたの部屋にテレビはあるの？）

B: No, but I want one.
（ううん，でも1台ほしいんだ。）

Question: What does Taku have in his room?
（質問：タクは部屋に何を持っていますか。）

(3) **何**を，**いくつ**かということに注意して聞く。メモを取るとよい。お母さんが頼んだもの以外に，タロウがジュースを買っていいか聞いて，いいと言われていることもおさえること。

読まれた英文と意味

A: Taro, I want eggs, two oranges and three apples. Can you go to the store to buy them?
（タロウ，卵とオレンジ2個，りんご3個がほしいの。それらを買いにお店に行ってくれる？）

B: OK, Mom. Oh, can I buy juice, too?
（いいよ，お母さん。あ，ジュースも買っていい？）

A: Yes, you can.（ええ，いいわよ。）

Question: What will Taro buy?
（質問：タロウは何を買いますか。）

(4) 映画が始まるのが11時で，最終的にその50分前に待ち合わせることになったので，**ア**の10時10分が正解。10時30分という時刻も出てくるので引っかからないように。

ミス対策 **時計のイラストがあれば時刻，カレンダーのイラストがあれば日付と曜日が聞き取りのポイントとなる。メモを取りながら聞き取るようにしよう。具体的な時刻だけでなく，「～の50分前」のような表現が出てくることもあるので注意。**

読まれた英文と意味

Kanta: Hi, Judy. The movie will start at 11:00. What time shall we meet tomorrow?
（やあ，ジュディ。映画は11時に始まるよ。明日は何時に待ち合わせようか。）

Judy: How about meeting at the station at 10:30?

（駅で10時30分に待ち合わせるのはどう？）

Kanta: Well, I want to go to a bookstore with you before the movie starts. Can we meet earlier?
（ええと，映画が始まる前にきみと書店に行きたいんだ。もっと早く待ち合わせられるかな。）

Judy: All right. Let's meet at the station fifty minutes before the movie starts.
（いいよ。映画が始まる50分前に駅で待ち合わせよう。）

Kanta: OK. See you tomorrow!
（わかった。じゃあ明日！）

Question: What time will the boy and the girl meet at the station?
（質問：男の子と女の子は何時に駅で待ち合わせますか。）

---

(5) 最初に，ケンは日曜日に何をするかたずねられて，「ギターを弾く」と答えている。「宿題を終える」「バドミントンをする」という内容も出てくるが，質問ではだれがすることについてたずねているかに注意する。

読まれた英文と意味

F: What do you usually do on Sunday, Ken?
（日曜日にはふつう何をするの，ケン？）

M: I play the guitar. How about you, Aya?
（ギターを弾くよ。きみはどう，アヤ？）

F: After I finish my homework, I usually play badminton.（宿題を終えたあと，たいていバドミントンをするよ。）

M: Really? I like playing badminton, too. Let's do it together some day.
（本当？ ぼくもバドミントンをするのが好きだよ。いつかいっしょにしよう。）

Question: What does Ken usually do on Sunday?
（質問：ケンは日曜日にはふつう何をしますか。）

---

(6) 女の子の2番目の発言の説明をよく聞くこと。everything looks bigger when I look through it（それを通して見ると，なんでもより大きく見える），it can be put in a small bag（それは小さなかばんに入れられる）などが手がかり。説明に合うのは**ウ**の「虫めがね」。

読まれた英文と意味

Man: Hello. May I help you?
（こんにちは。何かおさがしですか？）

Girl: I want to buy... something. I will use it in my science lesson tomorrow, but I don't know how to say it in English.
（あるものを買いたいんです……。明日の理科の授業でそれを使うのですが，それを英語でどう言うか，知らないのです。）

Man: I see. What can you say about it?
（なるほど。それについてどんなことが言えますか。）

Girl: Well, I can use it to make something bigger. No... I mean, everything looks bigger when I look through it. I can look at a flower with it in the school garden. Also, it can be put in a small bag.
（ええと，私は何かを大きくするためにそれを使えます。いいえ……。つまり，それを通して見ると，なんでもより大きく見えます。学校の庭で，それで花を見ることができます。また，小さなかばんに入れることができます。）

Man: OK. I think I understand. I will get it for you.（わかりました。私は理解したと思います。あなたにそれを持ってきます。）

Question: What does the girl want to buy?
（質問：女の子は何を買いたいのですか。）

UNIT 25 リスニング②

p.106 - 107

1 (1) ウ (2) エ
2 (1) ウ (2) ウ
3 (1) **7 dollars** (2) **11:00**
4 (1) イ (2) エ (3) エ (4) イ

解説

1 (1) 何が何より人気で，何がいちばん人気なのかを聞き取ること。メモを取るとよい。

ミス対策 **アンケート結果の表やグラフの問題では，比較表現が聞き取りのポイント。どちらが人気か，または人数が多いかや，何がいちばん人気かなどを確実に聞き取るようにする。**

読まれた英文と意味

Learning to play the piano is more popular than learning to swim. Learning English is the most popular of the three.
（ピアノを弾くことを習うことは，泳ぐことを習うことより人気です。英語を習うことが3つのうちでいちばん人気です。）

---

(2) sunny in the morning と cloudy in the afternoon に合うものを選ぶ。

読まれた英文と意味

Today it will be sunny in the morning. Then it will be cloudy in the afternoon.
（今日，午前中は晴れるでしょう。そして午後にはくもりになるでしょう。）

2 (1) 重要な情報は，「今は7時25分」「今日は日曜日」「15分ほど待つ」など。seven thirty（7時30分）という時刻も出てくるが，その時間に「バスは来ない」と言っていることに注意。

読まれた英文と意味

Mark: What time is it now, Kana?
（今，何時，カナ？）

Kana: It's seven twenty-five, Mark.
（7時25分だよ，マーク。）

Mark: Thank you. So, we will wait for only five minutes, right?
（ありがとう。じゃあ，5分だけ待つんだよね？）

Kana: No. The next bus will not come here at seven thirty.
（ちがうよ。次のバスはここに7時30分には来ないよ。）

Mark: Why? I usually take a bus at that time.
（なぜ？　ぼくはいつもその時間にバスに乗るよ。）

Kana: Mark, it is Sunday today.
（マーク，今日は日曜日だよ。）

Mark: Oh, I see. We must wait for about fifteen minutes.
（ああ，そうか。15分ほど待たなきゃならないんだ。）

Kana: That's right.（そのとおり。）

(2) 重要な情報は，「明日は社会科がない」ことと，「今日は午後に英語の授業がある」こと。

読まれた英文と意味

A: Tom, have you finished the social studies homework for tomorrow?
（トム，明日のための社会科の宿題は終えた？）

B: Tomorrow? We don't have social studies tomorrow. Look at the schedule for this week.
（明日？　明日，社会科はないよ。今週の時間割を見て。）

A: Oh, you're right.（ああ，そのとおりだね。）

B: By the way, lunch time will finish soon. Are you ready for your speech in English class this afternoon?
（ところで，昼休みがもうすぐ終わるよ。今日の午後の英語の授業でのスピーチの準備はできているの？）

A: Of course. Today, I'll speak about my family.
（もちろん。今日ぼくは家族について話すよ。）

B: Good luck!（がんばって。）

Question: What day is it today?
（質問：今日は何曜日ですか。）

3 (1) 食べたいのはegg curry with saladで，飲み物は買いたくないと言っている。「サラダ付きで飲み物なし」なのは，メニュー表の下を見ると，Lunch B。メニュー表を見ると，Egg CurryのLunch Bは7 dollars。

読まれた英文と意味

Tom is going to have lunch at the curry restaurant. He wants to eat egg curry with salad. He doesn't want to buy anything to drink. How much does he need for his lunch?
（トムはカレーのレストランで昼食を食べるつもりです。彼は卵カレーをサラダ付きで食べたいと思っています。飲み物は買いたいと思っていません。彼は昼食にいくら必要ですか。）

(2) 重要な情報は，「エイミーと弟は同じスポーツをしてみる」「エイミーは14歳で，弟は12歳」「テニスではないスポーツをしたい」ということ。テニス以外で，14歳と12歳が参加できるのは，Age（年齢）が「7〜15」のbadminton。質問がWhat time 〜 start?（何時に始まるか）であることにも注意。

読まれた英文と意味

Amy lives in Green Town. Her town has a sports festival for children. She and her brother will try the same sport. Amy is 14 years old and her brother is 12 years old. They are in the tennis club but they want to try another sport. What time does the sport they will join start?
（エイミーはグリーンタウンに住んでいます。彼女の町は子どものためのスポーツ祭を開きます。彼女と弟は同じスポーツをしてみるつもりです。エイミーは14歳で，彼女の弟は12歳です。彼女たちはテニスクラブに入っていますが，別のスポーツをしたいと思っています。彼女たちが参加するスポーツは何時に始まりますか。）

4 (1) 聞かれているのは昨日の天気。「昨日は晴れていた」と言っている。

読まれた英文と意味

Judy: Ah, I hope it will stop raining soon.
（ああ，早く雨がやむといいなあ。）

Kanta: It was sunny yesterday.
（昨日は晴れていたよ。）

Judy: Yes. But the TV says we will have snow in the afternoon today.
（うん。でもテレビで今日の午後は雪だと言っているよ。）

Kanta: Really? How about tomorrow?

（本当？　明日はどう？）

Judy: It will be cloudy.（くもりだよ。）

Question: How was the weather yesterday?

（質問：昨日の天気はどうでしたか。）

---

(2) 重要な情報は，「冬がいちばん人気がある」「夏より春のほうが人気がある」「春は秋と同じくらい人気がある」こと。

読まれた英文と意味

A: Which season do you like the best, Yoko?

（どの季節がいちばん好き，ヨウコ？）

B: I like spring the best.　But winter is the most popular in my class.

（春がいちばん好き。でも私のクラスでは冬がいちばん人気だよ。）

A: Really?　Which is more popular in your class, spring or summer?

（本当？　あなたのクラスでは，春と夏ではどちらのほうが人気がある？）

B: Spring is.　And spring is as popular as fall in my class.

（春だよ。そして私のクラスでは，春は秋と同じくらい人気だよ。）

Question: Which is Yoko's class?

（質問：ヨウコのクラスはどれですか。）

---

(3) どこで曲がるか，どちらに曲がるか，どちら側に見えるかに注意して聞くこと。「銀行で右に曲がる」「左側に見える」がポイント。

ミス対策 **道案内の聞き取りでは，地図に行き方をかきこみながら聞くとよい。**

読まれた英文と意味

David: Now we are at Midori Station.　Do you know how to get to Ayumi's house?

（今ぼくたちはみどり駅にいる。アユミの家への行き方を知ってる？）

Naomi: Yes.　We will go straight to the bank and turn right there.　Then we will walk along the street.　And then we will see her house on our left.（うん。銀行までまっすぐ行って，そこで右に曲がる。そして道沿いに歩く。そうしたら彼女の家が左側に見えるよ。）

David: Shall we buy some fruit for her?　There is a nice shop in front of the supermarket.

（彼女に果物を買っていこうか。スーパーマーケットの前にいいお店があるよ。）

Naomi : All right.（いいよ。）

Question: Where is Ayumi's house?

（質問：アユミの家はどこにありますか。）

---

(4) 電車での行き方では，乗り換える駅，どの路線に乗るか，何番目の駅かを聞き取る。「グリーン線に乗り換える」「北駅から２つ目」がポイント。

読まれた英文と意味

A: Excuse me.　Could you tell me how to get to Minato Station?

（すみません。みなと駅への行き方を教えていただけますか。）

B: Sure.　Take the train at Chuo Station and get off at Kita Station.

（いいですよ。中央駅で電車に乗って，北駅で降りてください。）

A: Then, which train should I take?

（それからどの電車に乗ればいいですか。）

B: Change to the Green Line.　Minato Station is the second station from Kita Station.

（グリーン線に乗り換えてください。みなと駅は北駅から２つ目の駅です。）

Question: Which station is Minato Station?

（質問：どの駅がみなと駅ですか。）

UNIT 26　リスニング③　p.110 - 111

1 (1) ア　(2) ウ　(3) ア　(4) ア　(5) イ

2 ① **Saturday**　② **4(:)20**　③ **dinner**

3 (1) ウ　(2) ウ　(3) エ　(4)① ウ　②ア　(5) エ

4 例 **I want to have a party for him.　I think he can talk with us at the party.**

解説

1 (1) Are you ～? とたずねられているので，be 動詞を使って答えている Yes, I am. が適切。

読まれた英文と意味

Mr. Jones: Come in, please.（入ってください。）

Emma　: Hello, Mr. Jones.

（こんにちは，ジョーンズ先生。）

Mr. Jones: Hi, Emma.　Are you ready to begin your speech?

（こんにちは，エマ。スピーチを始める準備はできていますか。）

（チャイム）

---

(2) **Can you ～?**（**～してくれますか**）への応答としては，**OK,** ～.（いいですよ，～）が適切。**Sure.** や **Of course.** などの応答もよく使われる。

読まれた英文と意味

A: How was your summer vacation?
（夏休みはどうだった？）

B: It was fun. I went to Australia and enjoyed my homestay.
（楽しかったよ。オーストラリアに行って，ホームステイを楽しんだよ。）

A: Can you tell me about your homestay?
（あなたのホームステイについて教えてくれる？）
（チャイム）

(3) **When** is ～?（～はいつですか）とたずねているので，It's next Wednesday. と**「時」を答えているア**が適切。**イ**も時を答えているが，対話の内容と問いかけから，過去を表す last week は不適切。

ミス対策 **疑問詞に注意するのが最重要だが，疑問文全体の意味をとらえるようにする。**

読まれた英文と意味

A: Naomi, you look sleepy.
（ナオミ，眠そうだね。）

B: Yes. Last night, I studied hard for the English test.
（うん。昨夜，英語のテストのために一生懸命勉強したから。）

A: When is the test?（テストはいつ？）
（チャイム）

(4) 直前で「12 時まで寝ることができなかった」と言っていることから，What happened to you?（あなたに何があったのですか）が適切。このように直前が問いかけではない場合もあるが，**直前の発言の意味をとらえて適切な応答を考える**ことは同じ。

読まれた英文と意味

A: Good morning, Mr. Sato.
（おはようございます，佐藤先生。）

B: Good morning, Keiko. Did you sleep well last night?
（おはよう，ケイコ。昨夜はよく眠れましたか。）

A: Not so good. I couldn't go to bed until 12 o'clock.
（あまりよくはありません。12 時まで寝ることができませんでした。）
（チャイム）

(5) 電話での対話。She isn't at home.（彼女は家にいない）には，I'll call again later.（またあとでかけます）などの応答が適切。Could you tell [ask] her to ～?（彼女に～するよう伝えて[頼んで]いただけますか）や May I leave a message?（伝言をお願いできますか）などの応答もよくある。

読まれた英文と意味

A: Hello.（もしもし。）

B: Hello, this is Mike. May I speak to Natsuki?
（こんにちは，マイクです。ナツキをお願いできますか？）

A: I'm sorry, Mike. She isn't at home now.
（ごめんなさい，マイク。彼女は今，家にいません。）
（チャイム）

2 ① メッセージの冒頭で next Saturday と言っている。② 時刻・時間については，It will begin at 3 p.m., and it's 80 minutes long.（午後 3 時に始まって 80 分の長さだ）と言っている。3 時から 80 分なので，4 時 20 分までということになる。③ I want you to come to my house and have dinner（ぼくの家に来て夕食を食べてほしい）から dinner を入れる。

ミス対策 **読まれる語句がそのまま空所に入らない場合もあるが，あわてずに落ち着いて聞き，内容をしっかりとらえるようにする。とらえた内容から空所に当てはまる語句を考える。また，このメモの After the talk などのように，メモなどに書かれた語句を手がかりにして聞くことも大切。**

読まれた英文と意味

Hello, Tom. This is Satoshi speaking. Are you free next Saturday? A famous scientist will come to our town and talk about his junior high school days at the city library. Do you want to go and listen to his talk with me? It will begin at 3 p.m., and it's 80 minutes long. If you can come, let's go to the city library together by bus. After the scientist's talk, I want you to come to my house and have dinner with my family. What do you think? Please call me back when you get this message. Bye!
（こんにちは，トム。さとしです。次の土曜日は，ひま？ 有名な科学者がぼくたちの町に来て，市立図書館で彼の中学校時代について話すんだ。ぼくと彼の話を聞きに行かない？ 午後 3 時に始まって，80 分あるよ。もし来られるなら，バスでいっしょに市立図書館へ行こう。科学者の話のあと，ぼくの家に来てぼくの家族と夕食を食べてもらいたいんだ。どう思う？ このメッセージを聞いたら折り返し電話して。じゃあ！）

3 (1) 図書館での対話。初めに「2冊読みたい」と言い，次の発言で「もう1冊読みたい」と言っているので，「3冊」が正解。four books という語句も出てくるが，これは生徒が夏休みの間に借りることができる冊数のこと。

読まれた英文と意味

A: Excuse me. I want to read these two books. Can I borrow them until Monday?
（すみません。これらの2冊の本を読みたいのですが。月曜日まで借りることはできますか。）

B: Of course. Actually, students can borrow four books during the summer vacation.
（もちろんです。実は生徒は夏休みの間，4冊借りることができるんですよ。）

A: Really? I didn't know that. There is another book I want to read, so can I go and get it?
（本当ですか。知りませんでした。もう1冊読みたい本があるので，それを取りに行ってもいいですか。）

B: Sure.（もちろんです。）

A: Thank you. I'll come back here soon.
（ありがとうございます。すぐここへ戻ってきます。）

Question: How many books is the student going to borrow today?
（質問：この生徒は今日，何冊の本を借りるつもりですか。）

---

(2) 英文に December 28（12月28日）という語句は出てこないので注意。On December 27, ～. のあとに **The next day**, I went to Masao's house（翌日は，マサオの家に行った）と言っている。

読まれた英文と意味

I'm Satoshi. I enjoyed this winter vacation. On December 26, I went to the zoo and saw many animals. On December 27, I went to the stadium to play soccer. The next day, I went to Masao's house and practiced the guitar with him. On December 29, I went to Tokyo to see my uncle.
（ぼくはサトシです。ぼくはこの冬休みを楽しみました。12月26日には，動物園に行ってたくさんの動物を見ました。12月27日には，サッカーをするために競技場へ行きました。翌日は，マサオの家に行って，彼とギターの練習をしました。12月29日には，おじに会うために東京へ行きました。）

Question: Where did Satoshi go on December 28?
（質問：サトシは12月28日にどこへ行きましたか。）

---

(3) 対話の初めで，You look very happy.（とてもうれしそう）と言われて，「姉[妹]からEメールをもらった。彼女は来月家に帰ってくる」と答えていることから，**エ**「彼女は来月，姉[妹]に会う」が適切。

読まれた英文と意味

A: Hi, Kaori. You look very happy.
（やあ，カオリ。とてもうれしそうだね。）

B: Yes. I got an e-mail from my sister. She'll return home next month.
（うん。姉[妹]からEメールをもらったの。彼女は来月家に帰ってくるんだよ。）

A: Really? Where does she live now?
（本当？ 彼女は今どこに住んでいるの？）

B: In the U.S. She goes to a university there.
（アメリカだよ。そこの大学に行ってるの。）

A: What does she study?
（彼女は何を勉強しているの？）

B: She studies math.（数学を勉強しているよ。）

Question: Why is Kaori happy?
（質問：カオリはなぜうれしいのですか。）

---

(4) ① 日本での授業でグループで話すのはなぜかを問われている。「いろいろな考えを共有できるのでグループのメンバーと話すことは大切だ」と言っているので，**ウ**「いろいろな考えを共有するため」が適切。② このスピーチで桜が言いたいことは何かを問われている。スピーチ冒頭で「日本での授業について話す」と言い，具体的に授業のことを説明しているので，**ア**「彼女が授業でどのように学んでいるか」が適切。

読まれた英文と意味

Now I'm going to talk about my classes in Japan. We often make groups and learn a lot of things from each other. Talking with the group members is very important for us because we can share different ideas. Here in America, I want to enjoy classes. So I will try to exchange ideas with you in English.
（今から，私は日本での私の授業について話します。私たちはよくグループになって，お互いから多くのことを学びます。いろいろな考えを共有できるので，私たちにとってグループのメンバーと話すことはとても大切です。ここアメリカで，私は授業を楽しみたいです。だから私は英語でみなさんと意見の交換をするようにします。）

Questions: No.1 Why does Sakura talk in groups during her classes in Japan?（質問①：なぜ桜は日本での授業でグループで話すのですか。）

No.2 What does Sakura want to say in her speech?（質問②：桜はスピーチでどんなことを言いたいのですか。）

---

(5) トシヤ（B）は2回目の発言で「金沢駅からバスに乗りたかったが，多くの人がいたので歩くことにした」ということを話しているので，**エ**「トシヤは金沢駅から兼六園まで歩いた」が適切。**ア**「トシヤは休暇の間，多くの国に行った」，**イ**「トシヤは金沢でバスに乗った」，**ウ**「富山から金沢まで約25分かかった」。

読まれた英文と意味

A: Hello, Toshiya. How was your holiday?
（こんにちは，トシヤ。休暇はどうだった？）

B: It was great. I went to Kenroku-en in Kanazawa. It is a beautiful Japanese garden.
（よかったよ。金沢の兼六園に行ったんだ。美しい日本庭園だよ。）

A: How did you go there?（どうやって行ったの？）

B: I took a train to Kanazawa from Toyama. Then I wanted to take a bus from Kanazawa Station, but there were many people. So I decided to walk.
（富山から金沢まで電車で行ったよ。それから，金沢駅からバスに乗りたかったけど，多くの人がいたんだ。だから歩くことにしたんだ。）

A: Oh, really? How long did it take from the station to Kenroku-en?
（へえ，本当？ 駅から兼六園までどのくらいかかったの？）

B: About 25 minutes. I saw many people from other countries.
（25分くらい。外国からの人々を大勢見かけたよ。）

A: I see. Kanazawa is an international city.
（そう。金沢は国際的な都市だね。）

Question: Which is true?
（質問：正しいのはどれですか。）

---

4 「新しいALTの先生のために，学校でクラスメートと何がしたいか」を答える。解答例は「私は彼のためにパーティーを開きたいです。彼はパーティーで私たちと話すことができると思います」。英文は1文でもよい。無理に難しいことを書こうとせず，自分が使える表現で書けることを考える。

読まれた英文と意味

Next month, a new ALT will come to your school. His name is Tom. He hopes to have a good time with you. Now, let's make a plan to welcome him. What do you want to do for him with your classmates at school?
（来月，新しいALTの先生がみなさんの学校に来ます。彼の名前はトムです。彼はみなさんと楽しい時間を過ごしたいと望んでいます。さあ，彼を歓迎するための計画を立てましょう。あなたは，彼のために学校でクラスメートと何がしたいですか。）

高校入試

模擬学力検査問題

解答

第１回 p.120 - 123

1 (1) **ウ** (2) **イ**
2 ① **dance** ② **11** ③ **gym**
3 ① **spoken** ② **taught**
③ **singing** ④ **easier**
4 (1) **オ** (2) **エ** (3) **ア** (4) **カ**
5 (1) **has been** (2) **nothing**
(3) **Which, better** (4) **written by**
6 (1) **イ** (2) **ウ** (3) **ア**
(4) 例 **木々がどのようにして水をきれいに保つかという疑問（に対する答え）。**
(5) ① **No, she doesn't[does not].**
② **She wanted to learn something about water.**
(6) **エ**
(7) 例 **I can recycle plastic bottles and paper.**

解説

1 (1) 現在の時刻は５時10分で，コンサートは15分後に始まるということをしっかり聞き取ること。コンサートが始まるのは，５時25分。

ミス対策 **時刻や日付が問われる問題では，数に注意して聞き取ること。メモを取りながら聞くようにするとよい。**

読まれた英文と意味

A: I'm sorry I'm late.
（ごめん，遅れた。）
B: That's OK. But it's already five ten.
（いいよ。でも，もう５時10分だよ。）
A: Really? The concert will start soon.
（本当？ コンサートはもうすぐ始まるね。）
B: We only have fifteen minutes.
（あと15分しかないよ。）
A: Let's run to the hall.
（ホールまで走ろう。）
Question: What time will the concert start?
（質問：コンサートは何時に始まりますか。）

(2) 銀行は公園を左に曲がって，右手にある書店の隣なので，**イ**が正解。地図の問題では，実際に道順をかき入れながら聞くことも１つの方法。

ミス対策 **道順を聞き取る問題では，右・左の方向や，何番目の角で曲がるのか，何の隣にあるかなどの位置関係に注意して聞き取ること。**

読まれた英文と意味

A: Excuse me. Is there a bank near here?
（すみません。この近くに銀行はありますか。）
B: Yes, there is.
（はい，ありますよ。）
A: Could you tell me how to get there?
（そこへの行き方を教えていただけますか。）
B: Sure. Can you see the park and the coffee shop over there?
（いいですよ。向こうに公園とコーヒーショップが見えますか。）
A: Yes.（はい。）
B: Turn left at the park. Then you will see a bookstore on your right. The bank is next to the bookstore.
（公園を左に曲がります。すると，右手に書店が見えます。銀行は書店の隣にあります。）
A: Thank you very much.
（どうもありがとうございました。）
B: You're welcome.
（どういたしまして。）
Question: Where is the bank?
（質問：銀行はどこにありますか。）

2 ① ケンジ（B）が２回目の発言で，Our class will do a dance performance と言っている。
② ケンジたちのクラスがダンスの公演をする日を入れる。文化祭が行われるのが９月10日から12日で，ケンジのクラスがダンスをするのはthe second day（２日目）と言っているので，「９月11日」となる。
③ ケンジたちのクラスがどこでダンスをするかを入れる。エマ（A）に In your classroom? と聞かれて，ケンジは No, in the gym. と答えている。

読まれた英文と意味

A: Hello.（もしもし。）
B: Hi, Emma. This is Kenji. Uhm, do you want to come to our school festival?
（やあ，エマ。ケンジだよ。ええと，ぼくたちの文化祭に来ない？）
A: Your school festival?
（あなたたちの文化祭？）
B: Yes. Our school will have a school festival from September 10 to September 12. Our class will do a dance performance on the second day. Now we're practicing after school every day.
（うん。ぼくたちの学校で９月10日から12日に文化祭があるんだ。ぼくたちのクラスは２日目

にダンスの公演をするよ。今，毎日，放課後に練習しているんだ。）

A: Sounds like fun. What time will it start?
（楽しそうだね。何時に始まるの？）

B: At 1 p.m.（午後1時だよ。）

A: In your classroom?（あなたたちの教室で？）

B: No, in the gym.（いや，体育館でだよ。）

A: I see. I'll go. I'm looking forward to seeing your performance.
（わかった。行くね。あなたたちの演技を見るのを楽しみにしてる。）

---

3 ① 前に be 動詞の is があることに着目する。受け身の文にするのが適切。過去分詞にする。**speak － spoke － spoken** と変化する。

② Last week（先週）と過去を表す語句があることから，過去形にするのが適切。teach の過去形は **taught**。

③ enjoy に続く動詞は～ing の形にする。**enjoy は目的語に動名詞をとる**動詞。

④ あとに than があることから，比較級にする。easy は **y** を **ier** にする。

（ミス対策）**語形を問う問題では，形容詞や副詞の場合は，比較級か最上級を考える。than があれば比較級に，前に the，あとに in や of があれば最上級にする。**

英文の意味

スミス先生は私たちに英語を教えています。彼の授業では日本語は話されません。先週，彼は私たちに英語の歌を教えてくれました。私たちはその歌が気に入って，歌うのを楽しみました。私は英語の歌を歌うことは，英語を話したり書いたりすることよりもやさしいと思います。彼の次の授業が待ちきれません。

---

4 電話でのやり取りの場面。よく使われる表現を覚えておこう。

(1) 相手を呼び出してもらう表現を入れるのが適切。**May[Can] I speak[talk] to ～(, please)?** が決まった言い方。また，電話で自分の名前を名乗るときは，ふつう I am ～. ではなく，**This is ～.** を使う。

(2)「彼は今，出かけています」のあとに言うので，「伝言をお受けしましょうか」という意味の **Can I take a message?** を入れるのが適切。**ウ**の **Can I leave a message?** は「伝言をお願いできますか」の意味。take と leave の使い分けに注意。

(3) 次のコウジの Yes, he does. という答えから，Does he ～? の疑問文を入れるのが適切。**ア**の「彼はあなたの電話番号を知っていますか」が入る。

(4) コウジが2番目の発言で，電話をかけてもらうように頼んでいることから，**カ**の「彼に電話をするように伝えます」が適切。

対話文の意味

ブラウンさん：もしもし。

コウジ：もしもし。ぼくは鈴木コウジです。ジムをお願いできますか。

ブラウンさん：ごめんなさい，彼は今，出かけているの。でも1時間後に戻るわ。伝言はある？

コウジ：はい，お願いします。彼が帰ってきたら，ぼくに電話をくれるように頼んでもらえますか。

ブラウンさん：わかったわ。ジムはあなたの電話番号を知っているかしら。

コウジ：はい，知っています。

ブラウンさん：わかったわ。あなたに電話するように言うわね。

コウジ：ありがとうございます。さようなら。

ブラウンさん：さようなら。

---

5 (1) あとの for three days（3日間）から，「3日間ずっと雨です」と**「継続」を表す現在完了形**の文にする。主語が it なので has を使う。**been** は be 動詞の過去分詞。

(2)「忙しいですか」と聞かれて，No と答えていることから，「今日はすることがありません」となるよう，nothing（何も～ない）を入れるのが適切。to do（するための）が nothing を後ろから修飾する形。

(3) あとの pandas or koalas から，「パンダとコアラではどちらのほうが好きですか」という文にする。「～と…ではどちらのほうが好きですか」は **Which do you like better, ～ or ...?**。

(4) It は前の this book を指す。「それは太宰治によって書かれました」という受け身の文に。**write の過去分詞 written** を入れる。**「～によって」は by ～**。

6 (1) 下線部は「私たちはそれら（＝空気と水）なしでは生きられない」という意味。them が何を指しているのかを読み取ること。指示語が指す内容は前の文に書かれていることが多い。直前の先生の発言の The air and water を指している。ほぼ同じ意味なのは，**イ**「生きるためには空気と水が必要だ」。

(2) 最初の空所②に対しては，**To 〜.**（〜するためです）と答えていて，あとの空所②には **Because 〜.**（なぜなら〜）と答えていることから判断する。目的や理由をたずねるときに使う **Why?**（なぜ？）を入れるのが適切。

(3) **〈help ＋人＋動詞の原形〉で「(人)が〜するのを手伝う」**という意味。

(4) 最後から3文目の She wanted to know how trees keep water clean の下線部が，ユカが疑問に思って答えを知りたがっていること。**〈how ＋主語＋動詞 〜〉で「どのように…が〜するか」**。

(5) ①の質問は，「ユカは車を使うことは，自転車に乗ることや歩くことよりもよいと思っていますか」という意味。第2段落の第2・3文を参照。「車はあまり使うべきではないとノートに書いた。彼女は自転車に乗ったり，歩いたりするほうがよいと思っている」とあるので，「いいえ」の答えになる。②の質問は「ユカはボランティア活動を通して何をしたいと思っていましたか」という意味。第3段落の最終文を参照。「そして，彼女はボランティア活動をすることで水について何かを学ぶことができたらいいと思った」とある。質問に合わせて want to を使って答える。

(6) **エ**「空気をきれいにするために木を植える人たちもいます」が本文の内容と合う。第5段落を参照。その他の選択肢の意味は，それぞれ次のとおり。

ア「ユカは8月に次の理科の授業があります」

イ「ユカは自分の将来について考えるために川へ行きました」

ウ「ボランティア活動をしたあと，ユカは木を植えることを楽しみました」

(7) 質問は「地球を救うためにあなたは何ができますか」という意味。地球や環境のために何ができるかを考えて書く。

英文の意味

7月，ユカの先生は理科の授業で言いました。「空気と水はとても大切です。私たちはそれらがなければ生きられません。私たちはそれらをきれいに保つべきです。そうするために私たちは何ができるでしょうか。9月の次の授業で話し合いましょう。みなさんに夏休みの間にそれについて考えてほしいと思います。」

放課後，ユカは自分には何ができるかについて考えました。彼女はノートに，私たちはあまりたびたび車を使うべきではないと書きました。彼女は自転車に乗るか歩くほうがいいと思っています。彼女はまた，テレビを見ていないときは消すべきだとも書きました。

その晩，彼女が夕食を食べていると，父親が彼女に，「土曜日に川へ行くんだよ」と言いました。「どうして？」とユカはたずねました。彼は「ボランティアのグループと川を掃除するためだよ。いっしょに行かないか」と答えました。「ぜひ行きたい」とユカは言いました。「オーケー。興味を持ってくれてうれしいよ」と父親は言いました。彼女は環境問題について考えることは大切だが，実際に何かをすることのほうがもっと大切だと考えました。そして，彼女はボランティア活動をすることで何か水に関することが学べればいいなと思いました。

土曜日，ユカと父親が川に着くと，そこにはすでにたくさんのボランティアの人たちがいました。彼らは働き始めました。ユカは缶とびんを拾い，父親は紙くずやほかのものを拾いました。ユカはまた小さな子どもたちが缶やびんを運ぶのを手伝いました。

3時間後，たくさんの袋がごみでいっぱいになり，彼らは少し休みました。ユカと父親は他のボランティアの人たちと川のそばにすわりました。川は美しく見えました。ボランティアのうちの1人が「私の友人たちが若木を植えに山へ行きました」と言いました。「どうしてですか？」とユカはたずねました。「木々は空気をきれいにできるからです。家を建てるためや紙を作るためにたくさんの木が世界のあちこちで毎日切り倒されています。そして，地球は暖かくなってきています。私の友人たちは地球を救うために木を植えているのです。木はまた水をきれいに保つことができますから」と彼は言いました。ユカはそれを聞いておどろきました。彼女はどのようにして木が水をきれいに保つのかを知りたいと思い，それで父親にそのことをたずねました。彼はにっこりほほ笑んで，「それについて勉強するのは君にとっていいことだろうと思うよ。その答えを見つけるためには，本を読んだり，インターネットを使ったりするといいよ」と答えました。

第2回　p.124 - 127

1 (1) ウ　(2) イ　(3) ア
2 (1) エ　(2) ア　(3) イ
3 (1) エ　(2) ウ　(3) イ
4 (1) **want you to help me**
(2) **her a T-shirt I bought in Hawaii**
(3) **you know how tall it is**
5 例 ① **I want to join the soccer team and practice hard.**
② **Because I want to be a better player.**
6 (1) ① エ　② イ　(2) ウ
(3) **it is difficult for me to speak English**
(4) **have**
(5) 例 **英語を聞いて，それをくり返して言うこと。**
(6) イ，オ

解説

1 (1)「何かを包んだり，何かを運んだりするときに使う」ということから，ふろしきの使い方を説明していると判断できる。

ミス対策 **選択肢の絵を先に確かめておくとよい。どんなときに使うのかという説明を聞き取ることが大切。**

読まれた英文と意味

A: Are you interested in Japanese culture, Tom?
（日本の文化に興味がある，トム？）
B: Yes.　I want to learn more about it.
（うん。それについてもっと学びたいと思っているよ。）
A: Well, do you know what this is?
（じゃあ，これが何か知っている？）
B: Of course, I know.　It is used when we wrap something or carry something.
（もちろん，知っているよ。それは何かを包んだり，何かを運んだりするときに使うね。）
A: That's right, Tom.　This is a present for you.
（そのとおりだよ，トム。これはあなたへのプレゼント。）
B: Oh, thank you, Misa.
（ああ，ありがとう，ミサ。）
Question: What did Misa give to Tom?
（質問：ミサはトムに何をあげましたか。）

(2) ジュン（A）が「ぼくの隣の男の子はカズヤだよ」と言っている。ジュンについては，最初にエミリー（B）が「かっこいい帽子をかぶっているね，ジュン」と言っていることから，**ア**がジュンだとわかる。カズヤはその隣なので，**イ**。

ミス対策 **身につけているもの，位置，持っているもの，背の高さなどに注意して聞く。聞きながら，わかった順に名前などをメモするとよい。**

読まれた英文と意味

A: Emily, look.　This is a picture of the hiking trip last Sunday.
（エミリー，見て。これ，この前の日曜日のハイキング旅行の写真だよ。）
B: Oh, nice picture.　You're wearing a cool cap, Jun.　Uhm, the boy with a soccer ball is the captain of the soccer team, right?
（わあ，いい写真。かっこいい帽子をかぶっているね，ジュン。ええと，サッカーボールを持っている男の子はサッカー部のキャプテンだよね。）
A: Yes.　He is Naoki.　And the boy next to me is Kazuya.
（うん。彼はナオキ。そしてぼくの隣の男の子はカズヤだよ。）
B: So, who is the tallest boy?
（じゃあ，いちばん背の高い男の子はだれ？）
A: Oh, that's Akira.（ああ，それはアキラだよ。）
Question: Which boy is Kazuya?
（質問：どの男の子がカズヤですか。）

(3) 明日の天気については，2つの発言から聞き取る必要があることに注意。午前中は晴れで，午後は雨が降り始めると言っている。

読まれた英文と意味

A: Look out the window.　It's getting cloudy.
（窓の外を見て。くもってきた。）
B: Really?　I hope it won't rain tomorrow.
（本当？　明日は雨が降ってほしくないな。）
A: Let's look at the weather forecast.　Oh, it says it'll be sunny and warm tomorrow morning.
（天気予報を見てみよう。あ，明日の午前中は晴れて暖かいと言っているよ。）
B: That's good.　I'm going to go swimming in the sea with my friend.
（よかった。ぼくは友達と海に泳ぎに行く予定なんだ。）
A: But wait, Yuta.　In the afternoon, it'll start to rain.（でも待って，ユウタ。午後には雨が降り始めるよ。）
Question: How will the weather be tomorrow?
（質問：明日の天気はどうなりますか。）

2 (1) **Would you like to 〜?** は「〜するのはどうですか」と相手を誘うときの表現。**I'd love to.** は「ぜひしたいです」という意味で，誘いに応じるときに使う表現。

読まれた英文と意味

A: Hi, Judy.　Do you like sports?
（やあ，ジュディー。スポーツは好き？）

B: Yes, I like sports very much.
（うん，スポーツは大好きだよ。）

A: Good.　Would you like to play tennis with me on Saturday?
（よかった。土曜日にぼくとテニスをしない？）
（チャイム）

---

(2)「新しいレインコートが必要だ」という発言に対して，選択肢の中では**ア**の「あなたのお姉さん[妹]のが使えます」が適切。

ミス対策 **適する応答を選ぶ問題でも，話の流れをおさえることが大切。話題は何か，たずねられていることは何かに注意しながら聞き取ること。**

読まれた英文と意味

A: Are you ready for the camp, Lisa?
（キャンプの準備はできた，　リサ？）

B: No, not yet.（ううん，まだ。）

A: Is there anything you need?
（何か必要なものはあるかい。）

B: Yes, I need a new raincoat.
（うん，新しいレインコートが必要なの。）
（チャイム）

---

(3) 旅行に行くという相手に対しては，「旅行を楽しんでね」と声をかけるのが適切。

読まれた英文と意味

A: Hi, Andy.　Do you have any plans for the summer vacation?
（こんにちは，アンディー。夏休みの計画は何かあるの？）

B: I'm going to go to Hokkaido with my family.
（家族と北海道へ行くつもりだよ。）

A: That's nice.　How long are you going to stay?
（いいね。どのくらい滞在する予定？）

B: For ten days.　I want to visit a lot of places.
（10 日間。たくさんの場所を訪れたいな。）
（チャイム）

---

3 (1) 空所の前が「辞書を忘れた」という内容で，B が「いいですよ」と答えているので，「あなたのを使ってもいいですか」とするのが適切。**May I 〜? で「〜してもいいですか」**。

(2) languages（言語）と speak（話す）の関係から，**受け身の意味を表す過去分詞** spoken（話される）が適切。spoken in Canada が the languages を後ろから修飾する形。「カナダで話されている言語は何ですか」。

(3) If I were you（もし私があなただったら）は仮定法の表現。後半の文では**助動詞の過去形**を使う。「もし私があなただったら，そんなことは言わないでしょう」。

4 (1)「パーティーの準備をしなければならない」という状況を手がかりに，「あなたに私を手伝ってほしい」とするのが適切。**〈want ＋人＋ to 〜〉で「(人)に〜してほしい」**。want to help you とすると，「あなたを手伝いたい」という意味になり，me が余ってしまう。

(2) **〈give ＋人＋物〉で「(人)に(物)をあげる」**なので，gave のあとに her a T-shirt（彼女に T シャツを）を続ける。残った語句で I bought in Hawaii を作り，a T-shirt を後ろから修飾するように続ける。「私は彼女にハワイで買った T シャツをあげました」。

(3) 前の Do と合わせて Do you know を作り，残った語で how tall it is（それがどのくらい高いか）を作って続ける。how tall のあとが**〈主語＋動詞〉の語順**になることに注意。「あなたはそれがどのくらいの高さか知っていますか」。

5 高校で自分がしたいこととその理由を書く。want to 〜（〜したい）や like to 〜[like 〜ing]（〜することが好きだ），be interested in 〜（〜に興味がある）などを使うとよい。

6 (1) ① アリスの Yes, please.（はい，お願いします）の答えと，話の流れから「何か飲み物はいかがですか」と飲み物をすすめる文を選ぶ。**Would you like 〜? は「〜はいかがですか」**の意味。

② 相手の言ったことに対して「そうなんですか」とたずねる形のあいづちを入れる。直前が I want 〜という一般動詞の文なので，do を使い，主語の I に対しては you で応答する。

(2) 前の文のクミの発言を受けているので，この do は speak English well を表す。英語では，前の文の形に関係なく，応答の内容が肯定なら **Yes** で答える。直前の I don't は I don't speak English well（私は英語を上手に話さない）という意味。これに対して，Yes と答えているので，ここでは，「いいえ，あなたは英語を上手に話しますよ」ということ。

(3) **〈it is ... for ＋人＋ to 〜〉**（**〜することは(人)にとって…だ**）という文を作る。it を仮の主語にした文で，to 以下が本当の主語。

(4) 1つ目の空所⑤はあとが studied なので，have studied という現在完了形の文にするのが適切。2つ目の空所⑤は，don't have to 〜（〜する必要はない）とすると文の意味が通る。

(5) アリスの8番目の発言に **Why don't you 〜?**（**〜してはどうですか**）という提案の表現がある。

(6) **ア**「アリスはクミを家に招待した」→クミがアリスを家に招待しているので，不一致。

イ「アリスは日本語を話せない」→アリスが3番目の発言でI want to be able to speak Japanese. と言っていることと一致。

ウ「クミは女性が彼女の言ったことを理解しなかったので悲しかった」→クミの8番目の発言に注目。女性は理解してくれたが，うまく英語が話せなかったことが悲しかった。

エ「クミはアリスに英語を教えることに興味を持ってもらいたい」→そのようなことは言っていない。

オ「アリスとクミは市内の有名な場所をいくつか訪れるつもりだ」→クミの最後から2番目の発言以降のやり取りと一致する。

対話文の意味

〔アリスはクミの家を訪れています。〕

クミ：こんにちは，アリス。わが家へようこそ！

アリス：こんにちは，クミ。今日は招待してくれてどうもありがとう。

クミ：何か飲み物はいかが？

アリス：うん，お願い。緑茶をもらえる？

クミ：緑茶が好きなの？　おどろいた。

アリス：うん。私はよく緑茶を飲むよ。日本の食べ物や文化が好きなの。日本語を話せるようになりたいな。

クミ：へえ，そうなの？　私もそうだよ。つまり私は英語をうまく話したいと思っているけど，話せないの。

アリス：ううん，話しているよ。あなたの英語は上手だと思う。

クミ：どうもありがとう。私は英語の勉強は好きなんだけど，英語を話すのは私には難しいな。先週末，サクラとショッピングモールへ買い物に行ったんだ。駅に着いたときに外国人の女の人が私たちに英語で話しかけてきたの。

アリス：そうなの？　彼女は何て言ったの？

クミ：最初，彼女の英語が私たちには速かったから，私たちは彼女がなんて言っているかわからなかったの。それで，「ゆっくりでお願いします」と言ったの。

アリス：なるほど。

クミ：彼女は私たちにお寺への行き方をたずねたの。学校で，だれかにどこかへの行き方をどう伝えるかを学んだことはあるけど，私たちはうまく話せなかった。その女の人が持っていたガイドブックに地図があったから，それを使ったの。地図を指さして「私たちはここにいます。この道を行って…。郵便局で右に曲がります。左側にあります」と言ったよ。

アリス：彼女は行き方を理解した？

クミ：うん。でも自分の英語がうまくなくて，それで悲しくなった。

アリス：あなたたちはよくやったと私は思う。完ぺきに話す必要はないよ。でもあなたの気持ちはわかる。たぶん，英語を話す機会がもっと必要なんだよ。英語を聞いて，それをくり返して言うのはどう？　話し方を学ぶいい方法だよ。

クミ：いい考えだね。やってみる。そして，もう1つ考えがあるよ！　この市には有名な場所がいくつかあるの。来週，私が市内を案内するよ。そうすれば，あなたは観光が楽しめるし，私は英語をたくさん使えるわ。

アリス：わあ，それはよさそうだね！　ときどき私に日本語で話してくれる？　そうしたら私は日本語も学べるわ。

クミ：いいよ。